República de los cuidados

Adolfo Chaparro Amaya · *Modernidades periféricas*
Laura Quintana · *Política de los cuerpos*
Luciana Cadahia y Ana Carrasco Conde (eds.) · *Fuera de sí mismas*
Macarena Marey (ed.) · *Teorías de la república y prácticas republicanas*
Laura Quintana · *Rabia*
Luciana Cadahia y Paula Biglieri · *Siete ensayos sobre populismo*
Gerardo Ávalos Tenorio · *La filosofía política de Marx*
Miguel Giusti (ed.) · *La actualidad del pensamiento de Hegel*
Flor Emilce Cely Ávila · *Mujeres, poder y conocimiento*
Luciana Martínez y Esteban Ponce (eds.) · *El genio en el siglo* XVIII
Alejandra Azuero Quijano · *El paro como teoría*
Laura Quintana con Damián Pachón · *Espacios afectivos*
Diana Aurenque · *Animal ancestral*
Zenia Yébenes Escardó · *Hechos de tiempo*

Luciana Cadahia

República
de los cuidados

Hacia una imaginación
política de futuro

Herder

Diseño de la cubierta: Herder
Imagen de cubierta: Colectivo Amapola/Macas, *Autocultivate*

© 2024, Luciana Cadahia
© 2024, Herder Editorial, S.L., Barcelona

ISBN: 978-84-254-4926-0

Imprenta: QPPrint
Depósito legal: B-5386-2024

Impreso en España — Printed in Spain

Herder
www.herdereditorial.com

Índice

A los pueblos de nuestra América,
que marcan el camino
del amor por la vida.

Estoy convencido de que solo con un constante revolver y sacudir por todos los lados podemos esperar conseguir al fin algo [...] además de que la comunicación y el trabajo en común renuevan y fortalecen.

G. W. F. HEGEL, *Escritos de juventud*

Prólogo

Este libro recoge una serie de ensayos que me ayudaron a explorar una inquietud que ha ido tomando forma a lo largo de los últimos diez años de trabajo intelectual y militante: ¿es posible pensar juntos el feminismo, el populismo y la república? Esta pregunta, que busca tener un alcance teórico y práctico, nace de un cierto malestar que resulta de los diferentes tipos de desencuentros que han existido entre estas tradiciones de pensamiento y de lucha política. En el caso de la teoría clásica del republicanismo y el populismo, y salvo en contadas excepciones, suele prestarse muy poca atención a la configuración de las demandas feministas, al punto de ser consideradas como problemáticas de segundo orden. Esta desatención a la lucha feminista expresa, al menos, dos limitaciones en el terreno de estos estudios. Por un lado, pierde de vista los diferentes tipos de transformaciones que ha experimentado el campo popular (objeto de estudio del populismo) en las últimas dos décadas gracias a los liderazgos de las mujeres y las disidencias sexuales. Y, por otro, no es capaz de dar cuenta de las nuevas conexiones sensibles (o afectivas) que propicia el feminismo en la articulación de ese mismo campo popular. La teoría populista, cuando trata de pensar la articulación de lo popular, se centra en el antagonismo y en los diferentes conflictos que permiten configurar un nosotros frente a un ellos. Pero la construcción de ese nosotros adversarial, como ha insistido Chantal Mouffe en sus trabajos de los últimos años, no se da de forma abstracta, sino que es el resultado de una coyuntura específica. Y esa coyuntura se organiza a partir de una correlación de fuerzas asimétricas entre los de arriba y los de abajo. O, dicho de manera más precisa, el campo social se configura como una tensión irresuelta entre, por un lado, la violencia de las fuerzas oligárquicas (conglomerados mediáticos, élites económicas, políticas y culturales, corporaciones transnacionales y fuerzas del crimen organizado y paraestatales) y, por otro, las fuerzas populares (trabajadores, migrantes, desplazados, campesinos, mujeres, disidencias sexuales y sectores indígenas y negros) que sufren el despojo simbólico, económico, territorial y político por parte de esas mismas fuerzas oligárquicas. Esas fuerzas populares logran convertirse en un nosotros cuando son capaces de articularse como un pueblo, es decir, cuando pueden darles una orientación moral y política a sus propias fuerzas y disputarles a las élites, en el terreno de la política, las formas de organización de la vida social e institucional de sus repúblicas.

Desde la teoría populista tenemos el desafío de estudiar con mayor rigor qué le sucede al campo popular cuando el feminismo comienza a liderar esa articulación política. Por parte de la teoría republicana, al mismo tiempo, es necesario prestar atención a la traducción institucional de esas conflictividades que acontecen en el orden de la organización popular. Es decir, cuando se convierte en una especie de figura organizativa e institucional capaz de impulsar imágenes de futuro y orientarnos en la acción. No es lo mismo construir un pueblo poniendo en el centro de la escena la figura del trabajador (como sucedió durante los siglos XIX y XX) que hacerlo a partir de la figura del feminismo (tal y como parece vislumbrarse en el siglo XXI junto a otras figuras políticas). Con ello no quiero decir que la figura del trabajador o la lógica capital-trabajo no sigan operando en nuestras sociedades como un factor clave, sino que estoy tratando de sugerir que ya no tienen la misma fuerza de interpelación ni operan como el único sujeto político para configurar un pueblo. Si en los siglos XIX y XX las luchas políticas (y la configuración del campo popular) se dieron alrededor del eje central capital-trabajo, en el siglo XXI, en cambio, pareciera orientarse con más fuerza hacia el eje capital-vida y hacia la pregunta por las formas de vida alternativas al neoliberalismo. Y es ahí donde aparece la pregunta elemental sobre el tipo de pueblo que está comenzando a construir el feminismo. Cómo pensar un pueblo cuando aparece la cuestión de los cuidados (de sí, de los otros y de la naturaleza) como un problema de primer orden, es decir, cuando la otra pata del capitalismo, la reproducción de la vida, comienza a tener un rol más protagónico en el ámbito de las luchas populares. Por todo ello, la relación entre pueblo y vida, que está en la base de las transformaciones políticas del feminismo es una cuestión crucial que ya no puede eludirse desde el ámbito de las teorizaciones republicanas o populistas y que atañe tanto al nivel de las demandas como al de la lógica o la forma misma de articular lo popular. Los ensayos reunidos en este libro, por tanto, buscan saldar esta deuda.

Pero para trabajar esta deuda también se vuelve necesario problematizar una serie de reticencias experimentadas por parte de algunas teorizaciones feministas que tienden a segmentar el campo popular y terminan por desvincular, entre sí, las luchas políticas contra la opresión. Lo primero que resulta necesario revisar son aquellas formulaciones que establecen una especie de dicotomía entre las teorizaciones republicanas o populistas y las teorizaciones feministas. La inquietud que me lleva a hacer este ejercicio teórico se debe a que, en algunos casos, incluso, pareciera que se tratara de elegir entre una u otra apuesta teórica, como si no fuera posible pensar conexiones fructíferas entre estos legados. Y este ejercicio pasa por deshacer algunas generalizaciones abstractas que, a mi entender, terminan por convertirse en una especie de clichés que segmentan el mundo de manera binaria —y a veces maniquea— entre un polo masculino y un polo femenino, asociando el primero con el conflicto, el antagonismo y la lucha (y, por ende, el populismo), y el segundo con el acuerdo, el cuidado y los lazos amorosos (y, por ende, el feminismo). El problema de esta partición es que si el populismo es una teoría que nos habla desde el antagonismo entonces no podría ser una teoría adecuada para pensar los feminismos. Remover este tipo de inercias del campo del pensamiento político me parece una tarea urgente, más que nada cuando se trata de unir fuerzas intelectuales y políticas en un escenario de cambios radicales como el que estamos viviendo a nivel mundial. Por eso, uno de los aspectos clave que se busca pensar en este libro tiene que ver con las conexiones entre las políticas de los cuidados, el antagonismo y la dimensión conflictual y plebeya de las instituciones, dado que busco elaborar una comprensión del conflicto desde un ángulo novedoso tanto para el terreno del feminismo como del republicanismo y el populismo. A fin de cuentas, me parece mucho más fructífero establecer los puntos de encuentro entre los legados teórico-políticos más vivos de las luchas populares contra la opresión (feminismo, republicanismo plebeyo y populismo) que seguir con la inercia dicotómica de tratar de elegir entre uno y otro de los marcos interpretativos. Sobre todo porque suele encerrarnos en debates estériles que no escapan de los escenarios minoritarios (y en muchos casos elitistas) de la academia global. Más aún si no se puede omitir el hecho de que estas tradiciones político-intelectuales están conectadas con el legado marxista.

Ahora bien, el intento de pensar juntos el feminismo, el republicanismo y el populismo evidenció un ejercicio de imaginación teórica que no se limitó a lecturas de textos o interpretaciones canónicas, sino que supuso, más bien, un cierto ejercicio de heterodoxia intelectual en el que se procuró explorar una serie de referencias teóricas y problemas filosóficos que ayudaran a construir el ángulo desde el cual se intentaban pensar estas dos tradiciones teóricas. Y ahí es donde la cuestión de la república entra en escena. Por eso, junto a los problemas de la articulación popular, los cuidados, el antagonismo o los conflictos, exploré cuestiones relacionadas con las conexiones entre el lenguaje y los afectos; la dialéctica, la negatividad y el populismo; el papel de la mitología en la tradición emancipadora de pensamiento y su fuerza plebeya para la interpelación; la supervivencia de lo arcaico en las praxis transformadoras y su secreto para desenterrar el futuro; las representaciones del deseo y lo femenino en el pensamiento filosófico; las posibilidades creativas de pensar las instituciones y los cuidados en clave republicana, populista y feminista; los peligros que supone la reactualización del fascismo para el campo popular feminista y populista;

y, finalmente, el carácter fructífero que resulta de pensar un feminismo en clave republicana plebeya y populista.

Para concluir, quiero agradecer a mis estudiantes del seminario de Feminismo en América Latina impartido en el departamento de Romances Studies de la Universidad de Cornell y también a mis estudiantes del Instituto de Estética de la Universidad Católica de Chile. Todos ellos me han ayudado a terminar de darle forma a varias de las problemáticas planteadas en este libro. No puedo dejar de mencionar a Paula Biglieri, Bruno Bosteels, Simone Pinet, Mercedes Barros, Jorge Alemán, Valeria Coronel, Oliver Marchart, Ailynn Torres Santana, José Figueroa, Macarena Marey, Valerio Rocco, María del Rosario Acosta, Yannis Stavrakakis, Jorge Lago, Amanda Hurtado, Julián Santiago Grueso, Soledad Stoessel, Iván de los Ríos, Clara Serra, German Cano, Chantal Mouffe, Manuel Canelas, Lorena Amaro, Julio Guanche, Franklin y René Ramírez, Nuria Sánchez Madrid, Juan David Correa y un largo listado de amistades que me ayudan a pensar todas estas cuestiones con el afecto y el rigor que nos exige nuestra época. También agradecer a los colegas de la Red Populismo, Republicanismo y Crisis Global, cuya comprensión de la dimensión militante de la academia se vuelve imprescindible para persistir en esta tarea de imaginar un mundo más justo, igualitario y fraterno. Por último, resta agradecer a Raimund Herder y su equipo de trabajo editorial por la confianza depositada en este proyecto militante e intelectual.

Cajibío Cauca, Colombia, 2023

Feminismo y campo popular

Dedicarse a la filosofía en la doble condición de mujeres y latinoamericanas supone ubicarse en un lugar complejo de la práctica filosófica. En primer lugar, porque nuestra producción de saber ocupa un espacio periférico con respecto a los centros de saber filosófico, como puede ser el caso de Europa o Estados Unidos. La escritura, salvo contadas excepciones, suele limitarse a una interpretación rigurosa y exegética de los textos canónicos de la filosofía clásica, moderna o contemporánea. En segundo lugar, porque nuestra posición de mujeres implica un lugar de exterioridad con respecto a la historia de la filosofía. Supone adentrarse en un terreno donde no solo se ha configurado una práctica masculina hegemónica, sino donde la mujer ha sido anulada o subalternizada dentro de esas mismas reflexiones. A pesar de los esfuerzos por recuperar voces femeninas dentro de la historia de la filosofía, lo cierto es que recién desde mediados del siglo pasado contamos con una producción lo suficientemente rica como para crear un canon habitado también por filósofas. No obstante, esta constelación se ha caracterizado, sobre todo, por un posicionamiento de las mujeres dentro de las temáticas relacionadas con el feminismo. De manera que aún hoy sigue siendo minoritario el rol de las mujeres dentro de temáticas filosóficas que escapen a las estrictas cuestiones organizadas desde el feminismo. En esta dirección, construir un lugar de enunciación filosófico en la doble condición de mujeres y latinoamericanas supone un ejercicio de pensamiento a contracorriente. En su clásico libro colectivo *Feminismo y filosofía,* Celia Amorós elabora una reflexión que plantea una distinción entre «filosofía feminista» y «feminismo filosófico». El propósito de esta distinción consiste en rechazar la primera posibilidad y decantarse por la segunda. Según las palabras de la misma autora:

> La expresión «filosofía feminista» parece connotar un quehacer constructivo y sistemático que, de hecho, estamos aún en condiciones precarias para abordar: sin contar con los problemas que en la actualidad plantea hacer filosofía sistemática en general, feminista o no. Los rendimientos deconstructivos priman, pues, sin duda, sobre los reconstructivos y, si es que llegase a ser posible hacer una filosofía feminista, a lo mejor, por ello mismo, dejaría de tener sentido: las feministas podríamos entonces sentirnos, cómodamente y sin trampas, identificadas con la filosofía que harían todos y todas. (Las «pensadoras de la diferencia sexual» discreparán radicalmente […] de estas estimaciones mías). Prefiero, por estas razones teóricas y algunas otras de orden pragmático, hablar más bien de feminismo filosófico. (Debo la distinción y lo que esta me sugiere a mi buen amigo José Luis Pardo.) Pues lo que se quiere dar a entender con esta denominación es que el feminismo es susceptible de ser tematizado filosóficamente. Lo es porque

tiene implicaciones filosóficas y porque, como forma de pensamiento, es, en su entraña misma, filosófico.[1]

Me interesa recoger esta distinción porque considero importante la noción de feminismo filosófico para los propósitos de este texto. Estoy de acuerdo con la autora en que el feminismo es filosófico «en sus entrañas», pero creo que esta consideración no debería ir en desmedro de la posibilidad de una filosofía feminista. Es decir, no es necesario plantear una dicotomía entre ambas expresiones para poder asumir la idea de un feminismo filosófico. Incluso puede resultar más fructífero hacer coexistir ambas expresiones en el sentido de que existe un ejercicio de indagación de una filosofía de corte feminista, interesada no tanto en abandonar la filosofía sin más, sino en leer la misma historia de la filosofía en clave feminista, pudiendo encontrar, más allá de la voluntad de los mismos autores, claves filosóficas críticas con la lógica patriarcal. Esto, a mi entender, puede ser pensado como una posición excéntrica dentro de la misma filosofía. Como sugiere el pensador argentino Jorge Alemán en su libro *Horizontes neoliberales en la subjetividad*,[2] las posiciones excéntricas no son aquellas que se asumen pasivamente como la periferia, en el sentido de que un «otro» les ha asignado ese lugar, sino las que tienen la capacidad de crear una ubicación que escapa al centro. Es decir, lejos de apuntar a una posición de exterioridad o minoría marginalizada en la que decidimos afirmarnos, es posible asumir la posición de quienes, aunque actuemos «contra

1   C. Amorós, *Feminismo y filosofía*, Madrid, Síntesis, 2000, p. 10.
2   J. Alemán, *Horizontes neoliberales en la subjetividad*, Buenos Aires, Grama, 2016.

la corriente», vamos transformando las coordenadas políticas, epistémicas y simbólicas capaces de disputar los sentidos comunes establecidos en los espacios de legitimación de los saberes y las prácticas políticas. Esta voluntad excéntrica puede, incluso, aceptar dentro de sí, en unos registros muy diferentes, aquello que los espacios oficiales habrían determinado como propios. De modo que se arroga la posición extraña y controversial cuya dimensión feminista no apunta solo al contenido de lo que se piensa, sino a la manera en que se asume la actividad filosófica. Es el modo de leer la tradición el que engendra una forma feminista de asumir la práctica filosófica.[3] Si pudiéramos pensar este movimiento excéntrico de la filosofía feminista en términos metafóricos, se ajusta muy bien a lo que sugiere Joan Scott cuando nos dice que opera como «ondas expansivas que se desplazan desde epicentros dispersos y transforman formaciones geológicas a su paso», puesto que esta operación «implica un sentido tanto de causas de regresión infinita —las reverberaciones son re-ecos, sucesiones de ecos— como de efecto —las reverberaciones también son repercusiones».[4]

Y esta posición excéntrica que adoptamos como filósofas feministas puede estar conectada, al mismo tiempo, con el feminismo filosófico que nos ha permitido hacer pensable esta actitud hacia la filosofía. Es nuestra doble posición como filósofas y feministas latinoamericanas lo

---

3   Este punto de vista de una filosofía feminista lo hemos trabajado once filósofas latinoamericanas y caribeñas en un libro colectivo editado junto a Ana Carrasco Conde. Cf. L. Cadahia y A. Carrasco Conde, *Fuera de sí mismas. Motivos para dislocarse*, Barcelona, Herder, 2020.

4   J. Scott, «Reverberaciones feministas», *Revista CS* 10, 2012, p. 355, pp. 339-370.

que propicia una contaminación creativa entre ambas posiciones al punto de, por momentos, volver indistinguible dicha separación. Me interesa, entonces, emplear los dos polos de la distinción (feminismo filosófico y filosofía feminista) para poder pensar desde la filosofía —feminista— y desde el feminismo —filosófico— dos inquietudes que van a organizar la orientación de este libro. Por un lado, una de las paradojas más cruciales en las que se encuentra el debate contemporáneo: una compulsión identitaria engendrada desde los supuestos ontológicos de la diferencia. O, dicho de otra manera, la paradójica situación de que una época como la nuestra, organizada, por un lado, desde la constatación de la muerte del pensamiento fundacional y de la ontología de la identidad y, por otro, desde la configuración de un pensamiento de la diferencia posfundacional, termina por propiciar repliegues identitarios en el interior de las luchas populares. Me refiero, ante todo, a dos operaciones. En primer lugar, a la segmentación de las luchas emancipadoras en diferentes particularidades desconectadas entre sí. Y, por otro, a la creación de discordia, desafección y cancelación entre esas diferentes particularidades que impiden una unidad emancipadora. Todo esto se puede observar en el interior de los debates feministas contemporáneos entre una serie de acusaciones cruzadas entre feminismos provenientes del norte o el sur global, atravesados por el problema de la raza, la clase y las diversidades sexuales. Pero, por otro lado, nos interesa pensar cómo afecta esta paradoja epocal en el interior de otro signo de nuestra época: el deseo de reinvención de nuestras repúblicas. Es decir, radicalizar formas de vida más fraternas desde una perspectiva feminista.

Para atender ambos puntos, paradojas del feminismo y reinvención de la república, llevaré a cabo la siguiente propuesta argumental que supondrá ir entretejiendo problemas coyunturales, debates feministas y tradiciones filosóficas. Contra cierto sentido común académico, establecido en el ámbito del feminismo, voy a exponer por qué resulta importante seguir sosteniendo la expresión «mujer» en América Latina, en términos estratégicos y posicionales, dentro de los debates intelectuales y en alianza con otras formas de posicionar los procesos de identificación de los sujetos. Y, para ello, me adentraré en los principales debates filosóficos alrededor del uso de este término dentro del campo feminista. En segundo lugar, explicaré que la importancia de conservar este término para el campo académico encuentra sus razones en el ámbito práctico o, más precisamente, en la articulación política y sus luchas por la emancipación. En tercer lugar, haré un breve recorrido por los debates intelectuales latinoamericanos, con el objetivo de indicar cuáles son los límites y las posibilidades para la articulación feminista en clave republicana. En cuarto lugar, y desde la perspectiva de las posibilidades que abre esto para la construcción de nuevas formas republicanas, estableceré una distinción entre el campo intelectual feminista afín a la filosofía de la diferencia afirmativa, por un lado, y el campo feminista heredero de la noción de negatividad en filosofía, por otro. Me interesa demostrar que entre la filosofía de la diferencia y la filosofía de la negatividad se juega una comprensión de la república y el campo popular feminista desde el cual pensar nuestra actual coyuntura.

METAFEMINISMO PRÁCTICO (O CUANDO LA PRAXIS DISLOCA LOS DEBATES TEÓRICOS)

Para entender mejor qué significa asumir esta contaminación entre filosofía feminista y feminismo filosófico, me gustaría abordarla desde el debate clásico alrededor de si tiene sentido seguir usando el término «mujer» y cómo todo esto se juega en el cruce entre una filosofía feminista y un feminismo filosófico. Como sabemos, existe un fructífero debate entre las teóricas de la diferencia (tales como Luce Irigaray, Hélène Cixous, etc.), las pensadoras de la diferencia no-sexual (Monique Plaza, Monique Wittig, etc.), las pensadoras de la teoría *queer* o teoría de género[5] y las feministas lacanianas[6] alrededor de la posibilidad o no de usar expresiones como «femenino» o «mujer». En lo que se refiere a la primera corriente, autoras como Luce Irigaray[7] o Rosi Braidotti[8] asumen la necesidad de habitar estos términos como una paradoja y otorgarles un uso no esencialista ni *a priori*. Es decir, considerar esas palabras como el nombre dado a una forma de la exclusión y, por tanto, pensar si a partir de ella es factible un «feminismo femenino» como proyecto político, histórico, contingente y no esencialista que se abra a la multiplicidad de formas de ser y existir en la sociedad.[9] En relación con la segun-

5   R. Braidotti, *Feminismo, diferencia sexual y subjetividad nómade*, Barcelona, Gedisa, 2004, pp. 69-106.
6   J. Copjec, *Imaginemos que la mujer no existe*, Madrid, FCE, 2006.
7   L. Irigaray, *Este sexo que no es uno*, Madrid, Akal, 2009; L. Irigaray, *Espéculo de la otra mujer*, Madrid, Akal, 2007.
8   R. Braidotti, *Metamorfosis. Hacia una teoría materialista del devenir*, Madrid, Akal, 2005; R. Braidotti, *Feminismo, diferencia sexual y subjetividad nómade, op. cit.*
9   *Ibid.*, pp. 9-32.

da corriente, pensadoras como Monique Plaza o Monique Wittig consideran que estas categorías asociadas a la diferencia sexual se vuelven demasiado esencialistas, puesto que se prestan a una interpretación ahistórica o apolítica de los problemas y reintroducen el binarismo simétrico entre masculino/femenino.[10] La tercera corriente, haciendo eco de la segunda, también considera que estos términos conservan un resabio metafísico atravesado por una «matriz heterosexual» esencialista de la cual autoras como Judith Butler o Paul Preciado buscan distanciarse.[11] Entre estas tres corrientes (diferencia sexual, diferencia no-sexual y teoría *queer* o de género) la cuestión se traduce en dos aspectos fundamentales, aunque no únicos. La primera plantea si el uso de expresiones como «femenino» o «mujer» implica o no la reactivación de algún tipo de esencialismo. La segunda, en cambio, se organiza alrededor del problema del deseo, cuya tensión oscila en valorar si se trata una disputa entre una tradición heterosexual (la diferencia sexual) y una tradición lesbiana (la teoría de género), o si se trata de dos tradiciones diferentes para nombrar la homosexualidad femenina.[12] Si es lo primero, entonces, el deseo lesbiano sería algo independiente del deseo femenino y la categoría «mujer» debería ser disuelta. Si es lo segundo, en cambio, el deseo lesbiano funciona como un *continuum* de la sexualidad femenina. En lo que se refiere a las feministas lacanianas, podríamos decir que se distancian de todas las corrientes menciona-

10   *Ibid.*, p. 92.
11   J. Butler, *El género en disputa. El feminismo y la subversión de la identidad*, Barcelona, Paidós, 2007, p. 38.
12   R. Braidotti, *Feminismo, diferencia sexual y subjetividad nómade, op. cit.*, pp. 91-92.

das hasta ahora en dos aspectos fundamentales: el carácter negativo del deseo y el lugar asignado a lo femenino en la teoría lacaniana.

Ahora bien, me parece que términos como «femenino» o «mujer» están completamente superados si los asumimos como un dato, un hecho biológico o una esencia metafísica de carácter ahistórico que determinaría de forma esencial una sociedad dividida entre «hombres» y «mujeres» —con toda la serie de asociaciones históricas asignadas a cada condición de género—. Sin embargo, si pensamos «lo femenino» o «la mujer» desde el interior de los debates que acabo de mencionar, existen posiciones encontradas y no se trataría de un debate superado. Más aún, este debate no está resuelto si tomamos en consideración los usos asignados a estas palabras por parte de las autoras feministas de la diferencia sexual, del feminismo lacaniano y, para el caso que me interesa en este texto, al uso dado en las experiencias políticas actuales del feminismo latinoamericano en las que nuestro compromiso se inscribe. ¿Este término es o no empleado en las organizaciones feministas y populares de América Latina? ¿Qué resulta más fructífero desde el campo intelectual para las luchas por la emancipación? ¿Disolver o participar en la construcción performativa del término? En ese sentido, me parece interesante seguir algunas de las reflexiones de Braidotti y Scott (aunque no nos comprometamos con sus presupuestos ontológicos de la diferencia afirmativa en clave derrideana y deleuziana), quienes consideran que «no es la autodenominación deliberada la que nos permitirá encontrar la salida a la prisión del lenguaje falogocéntrico».[13] Por eso, renunciar al uso

13 *Ibid.*, p. 96.

de expresiones como «mujer» o «femenino» —y buscar otras categorías para pensar los problemas— no supone una transformación automática de las estructuras materiales de poder a las cuales los antiguos nombres estaban asociadas.[14] Más aún, añado, muchas veces se producen debates muy sofisticados dentro de la academia que terminan por distanciarse del ámbito de las luchas políticas concretas y de los términos que estas mismas luchas usan para expresar su malestar e impulsar una transformación social. Comparto con Braidotti la idea de que esta actitud de renunciar a determinadas palabras puede conducir a cierto voluntarismo ingenuo de la nominación —como si al nombrar de otra manera ya estuviéramos dando lugar a otra cosa y revirtiendo las lógicas de opresión— que, paradójicamente, reactiva los peores resabios de la omnipotencia de las teorías de la conciencia. Como si la elección de nombrarnos de otra manera nos liberara automáticamente de las ataduras socio-históricas que escapan al nivel de la conciencia y pudiéramos controlar, a través del mero acto de nominación, el ser de nuestra subjetividad. Esto no quiere decir que no haya un juego desafiante en empezar a nombrar las cosas de otra forma, al punto de que se exprese lo experimental y performativo en el orden del ser. Pero ese juego experimental no tiene por qué ir en desmedro de que se sigan usando expresiones como «mujer» o «femenino», ni tampoco quiere decir que el uso de estas expresiones conserven, *a priori,* una metafísica patriarcal.[15] Quizá el problema esté en creer que con el nombre se agota

---

14   J. Scott, «El género: Una categoría útil para el análisis histórico», en *El género,* México, PUEG, 1996, pp. 265-302.
15   M.L. Femenías y M.A. Ruíz, «Rosa Braidotti: de la diferencia sexual a la condición nómade», *Revista 3 Escuela de historia* v 1(3), 2004, p. 14.

toda nuestra identidad y que una vez nombradas las cosas de otra manera es posible recuperar el ser en su autenticidad. Quizá el secreto de la emancipación no esté tanto en asignar el «nombre correcto» como en los movimientos del pensamiento que propicia el uso contaminado y no totalizador que hacemos con las palabras para nombrar el mundo. ¿Acaso no se trata de jugar con las expresiones como un intento de desconfiar de las mismas palabras al punto de propiciar contaminaciones? De manera que «los cambios en las estructuras profundas de la identidad requieren intervenciones socio-simbólicas que trascienden la autodenominación deliberada», esto es, asumir

> que los procesos inconscientes son transhistóricos, y por tanto necesitan tiempo para ser modificados, no significa que podamos abandonar o renunciar al inconsciente mediante un contramovimiento hacia la «realidad histórica o social». Antes bien, significa que para tomar decisiones políticas eficaces debemos aceptar la temporalidad específica del inconsciente.[16]

Por eso, añade Braidotti, puede resultar interesante asumir la paradoja de la identidad femenina como «una necesidad simultánea de afirmarla y deconstruirla»,[17] con objeto de concebir «lo femenino» o «la mujer» como un saber situado o una «política de la localización». Y la destrucción de la dimensión esencialista u opresiva de estos términos puede venir dada, al mismo tiempo, por su reivindicación afirmativa en el ámbito de los movimientos sociales, en los

16 R. Braidotti, *Feminismo, diferencia sexual y subjetividad nómade, op. cit.*, p. 96.
17 *Ibid.*, p. 95.

términos de un proyecto dentro de un campo de fuerzas, es decir, una «posición» simbólica y política.[18] Por un lado, porque usar expresiones como «mujer» o «femenino» no tiene por qué significar que todas las mujeres sean iguales o que nos referimos a una identidad naturalizada de manera mecánica. Y, por otro, porque puede funcionar como una plataforma de acción política, entendida no ya como el nombre de una identidad previamente dada, sino como una posición relacional a construir colectivamente de manera contingente. Es decir, una posición del sujeto en sentido político y militante que asume la sedimentación histórica y, al mismo tiempo, la contingencia y la indeterminación que le es propia para toda práctica transformadora. En ese sentido, la posición política «mujer», como algo a construir, puede dar lugar a figuras que funcionan como «personajes conceptuales» de una escena —sin que ello niegue la existencia de otros personajes— que «iluminan aspectos que hasta entonces constituían puntos ciegos de la propia práctica» y que «se encuentran materialmente inscritos en el sujeto».[19] En segundo lugar, porque estas figuras expresan una paradoja constitutiva cuyo carácter contradictorio no busca ser «superado» —sino trabajado de otra manera—. Es decir, lo femenino o la mujer suponen tanto el lugar de una opresión (sedimentada históricamente) como una posición política (una posibilidad emancipadora). Y, en tercer lugar, las figuras, al tener la particularidad de poner en funcionamiento tanto la inteligencia como la sensibilidad, son capaces de afectarnos de tal modo que nos movilizan para la acción política.

18 *Ibid.*, p. 98.
19 *Ibid.*, p. 95.

Feminismo teórico (o cuando los debates teóricos dislocan la praxis)

Si retomamos lo que he expuesto en la primera sección de este capítulo, a saber, que hacer filosofía desde América Latina está intrínsecamente vinculado a nuestra situación de opresión heredada de la experiencia colonial y patriarcal, esto implica un lazo inexorable con el ámbito de la praxis, es decir, un vínculo con los movimientos colectivos que dan forma a estas luchas contra la opresión. Muchas de nosotras, incluso, participamos en ambos espacios a la vez, es decir, practicamos la filosofía y, al mismo tiempo, formamos parte de estas fuerzas políticas contra la opresión. De ahí que nuestro lugar para pensar la naturaleza de la filosofía nos posicione en ese espacio que denominamos «excéntrico» y que va buscando las formas de transformar las coordenadas de los registros socio-simbólicos de la sociedad y el conocimiento. Y es por eso que nuestra relación con la elección de los términos a pensar desde el ámbito teórico depende, en gran medida, de cuáles son los significantes empleados en las organizaciones políticas. Es por esta razón que, en el segundo apartado, hice una reconstrucción teórica del problema del significante mujer, mostrando que nuestra posición para seguir usándolo en el ámbito del pensamiento filosófico descansaba en su capacidad movilizadora, en tanto es una posición política emancipadora en el ámbito de los movimientos feministas en América Latina.

Ahora bien, es importante notar que el feminismo en América Latina, como sugieren Eli Bartra Muriá, Francesca Gargallo y Sonia Rivera Berruz, ha tenido su propia evolución a la hora de asumir el problema de la

República de los cuidados

opresión.[20] En ese sentido, se caracteriza por momentos u «olas» cuya genealogía no coincide exactamente con la europea o la norteamericana.[21] Podría hablarse, en primer lugar, de un protofeminismo previo al siglo XIX, encarnado en figuras como Sor Juana Inés de Cruz y su particular relación con el lenguaje,[22] o Juana Manso y Flora Tristán, cuando planteaban la importancia de una educación popular feminista.[23] A este le sigue un feminismo republicano de finales del siglo XIX y principios del siglo XX, que implicaba la combinación entre la pulsión continental de un republicanismo emancipador —acorde al espíritu de las independencias— y el acceso al voto femenino en ese contexto libertario. Un tercer momento se organiza en las prácticas revolucionarias de corte socialista, atravesadas por experiencias guerrilleras y por el exilio durante las dictaduras cívico-militar-empresariales de las décadas de 1960 y 1970, para luego dar lugar a los femi-

20   E. Bartra Muriá, *Mujeres en el arte popular. De promesas, traiciones, monstruos y celebridades*, Ciudad de México, CONACULTA-UAM, 2005; F. Gargallo, «El feminismo filosófico», en E. Dussel, E. Mendieta, y C. Bohórquez, (eds.), *El pensamiento filosófico latinoamericano, del Caribe y «latino» (1300-2000)*, Ciudad de México, Siglo XXI, 2009, pp. 418-433; S. Rivera Berruz, «Latin American Feminism», en *Stanford Encyclopedia of Philosophy*: https://171.67.193.20/entries/feminism-latin-america. Cabe resaltar que las tres pensadoras señaladas no comparten, de manera exacta, dado el énfasis puesto a un aspecto frente a otro en el vínculo entre estética y política, una misma interpretación de los diferentes momentos del feminismo. De manera que recojo, a partir de la lectura de todas estas interpretaciones, una consideración general de estos momentos para los fines del presente texto. F. Gargallo, «El feminismo filosófico», *op. cit.*, pp. 418-419.
21   El libro de Francesca Gargallo, *Ideas feministas latinoamericanas*, Ciudad de México, UACM, 2000, hace un recorrido muy minucioso de la evolución del feminismo en América Latina.
22   F. Gargallo, «El feminismo filosófico», *op. cit.*, p. 418.
23   *Ibid.*

32

nismos de las décadas de 1980 y 1990, propios de lo que se ha dado en llamar la «transitología democrática» en la región. Por último, se llega a los feminismos populares del siglo XXI, atravesados por la articulación con las otras formas de opresión en la región: la clase y la raza. Así, la experiencia colonial y la condición periférica dentro del escenario geopolítico han marcado una singular deriva tanto en el pensamiento como en la praxis feminista latinoamericana. En ese sentido, las dos últimas décadas del siglo pasado determinaron un campo feminista dividido en el interior de sí entre las feministas institucionalistas, las feministas militantes y las feministas autonomistas. El primer grupo estuvo asociado con la figura de feministas profesionalizadas y vinculadas al trabajo institucional entre la organización internacional y ONG durante el período de gobiernos neoliberales. El segundo grupo, en cambio, estuvo más asociado con el trabajo de base y los movimientos populares. Sin embargo, las feministas militantes no renunciaron a sus vínculos con los partidos políticos de izquierda o los sindicatos. Las feministas autonomistas, por su parte, sí consideraron prioritario crear un movimiento autónomo de mujeres con independencia de las orientaciones o afiliaciones políticas.

Paralelo a todo esto, también existía una necesidad de ir construyendo las especificidades de un feminismo negro en autoras como Sueli Carneiro, Leila González u Ochy Curiel;[24] un feminismo lesbiano en autoras como

---

24 S. Carneiro, «Noircir le féminisme», *Nouvelles Questions Féministes* VII(24), pp. 27-32; L. Gonzalez, «La catégorie politico-culturelle d'amefricanité», *Les cahiers du* CEDREF 20, 2015, http://journals.openedition.org/cedref/806; O. Curiel, «Rethinking Radical Anti-Racist Feminist Politics in a Global Neoliberal Context», *Meridians* 14(2), 2016, pp. 46-55.

Yuderkys Espinosa Miñoso[25] y un feminismo indigenista en autoras como Ángela Ixkic Bastian Duarte o Silvia Rivera Cusicanqui,[26] cuya forma de emancipación tuviera como objetivo un número de demandas que el feminismo clásico no había sido capaz de contemplar. Actualmente, parece haber una nueva reorganización del campo feminista envuelto en dos grandes cuestiones. Por un lado, la necesidad de articular la pluralidad de feminismos en América Latina (autonomista, militante, negro, indígena, lesbiano, *queer,* etc.) con las luchas del campo popular (clase y raza) y, por otro, la necesidad de repensar el tipo de vínculo que ha habido entre el feminismo y el Estado o las instituciones, por fuera de la lógica consensual del neoliberalismo. Y aquí es donde se inscribe nuestra reflexión: cómo pensar el feminismo dentro del campo popular, por un lado, y la capacidad de configurar una democratización feminista y popular, por otro. Esta aproximación que planteo resuena en los trabajos de autoras como Sueli Carneiro, María Luisa Femenías, Sonia Álvarez, Alba Carosio, Marlise Matos y Clarisse Paradise, entre otras.[27] Y esta doble cuestión experimentada en el interior de la praxis feminista se encuentra, den-

25   Y. Espinosa Miñoso, «The Feminism-Lesbianism Relationship in Latin America: A Necessary Link», en J. Corrales y M. Pecheny (eds.), *The Politics of Sexuality in Latin America*, Pittsburgh, University of Pittsburgh Press, 2011, pp. 401–5.
26   S. Rivera Berruz, *Latin American Feminism, op. cit.*
27   Para más información sobre la evolución del feminismo en América Latina y el Caribe recomiendo: S. Álvarez, «Feminismos en Movimiento, Feminismos en Protesta», *Revista Punto Género* 11, 2019, pp. 73-102; A. Carosio, «Feminismo latinoamericano: imperativo ético para la emancipación», en *Género y Globalización*, ciudad, CLACSO, 2014; M.L. Femenías, «Esbozo de un feminismo latinoamericano», *Estudios Feministas* 15(1), 2007, pp. 11-25.

tro del campo intelectual, atravesada por dos legados de pensamiento que giran alrededor de cómo tratar la vieja cuestión filosófica de la negatividad. Asumo que la crítica a la negatividad por parte de las feministas de la diferencia se expresa muy bien cuando Braidotti rechaza el papel que cumple este concepto en propuestas como las de Judith Butler o Slavoj Žižek. Según la autora, el papel de la negatividad conduciría a una especie de melancolía que se volvería incapaz de proponer una transformación social.[28] Rechazo esta identificación entre la negatividad y la melancolía inmovilista. Considero que esto no se encuentra en la propuesta ética de Butler. Y que, al igual que Butler, autores como Ernesto Laclau ayudan a pensar justamente la emancipación desde la negatividad o la ausencia constitutiva del sujeto (o ser de lo social). Pienso que este rechazo a la negatividad trae aparejado un rechazo al antagonismo, el cual se encuentra arraigado tanto en los feminismos de la diferencia europeos como en los feminismos autonomistas latinoamericanos. Para el primer caso me refiero a las apuestas feministas ancladas en la teoría de la diferencia, *l'ecriture femenine* o cierta renovación de las teorías *queer* y de género, que asumen la diferencia ontológica en su dimensión constitutivamente afirmativa y sin pasar por el juego de la negatividad. Entre sus representantes más importantes se encuentran autoras como Irigaray, Braidotti o Preciado, quienes recogen las apuestas deleuzianas y derrideanas de pensar la diferencia desde sí misma y más allá de la negatividad propia, tanto de la dialéctica de la diferencia y la iden-

28 R. Braidotti, *Metamorfosis. Hacia una teoría materialista del devenir*, *op. cit.*, pp. 73-86.

tidad como de cierto legado lacaniano. Por feminismo autonomista me refiero a las apuestas feministas provenientes de cierto legado posmarxista que recogen, en autores como Richard Hardt, Toni Negri o Gilles Deleuze, las relecturas actuales de la potencia, el deseo y lo común en Spinoza para pensar la emancipación. Y, también, a las autoras que trabajan el problema del feminismo comunitario como alternativa a la herencia colonial. En lo que se refiere a la vertiente posmarxista, encontramos autoras como Verónica Gago,[29] cuyas ideas de la potencia, el deseo o la vida en común se asumen desde una ontología afirmativa que desdeña cualquier resabio de negatividad en la teoría. En relación con la perspectiva del feminismo decolonial, encontramos los trabajos de María Lugones[30] y Rita Segato,[31] entre otros. Tanto el feminismo posmarxista como el feminismo comunitario tienden a establecer una serie de oposiciones que pareciera definir de antemano cuáles son los lugares privilegiados para la emancipación y cuáles no. Así, el Estado, la representación, los partidos políticos, la figura del líder y la confrontación, por una parte, suelen quedar del lado de la abstracción y el patriarcado; y la vida común, la inmanencia, las nuevas formas de organización feministas y el cuerpo, por la otra parte, del lado del feminismo emancipador. Posiblemente, la coincidencia que podamos encontrar entre el feminismo de la diferencia europeo y el feminismo autonomista

29 V. Gago, *La potencia feminista. O el deseo de cambiarlo todo*, Madrid, Traficantes de sueños, 2019.
30 M. Lugones, «Hacia un feminismo descolonial», *La manzana de la discordia* 6(2), 2011, pp. 105-119.
31 R. Segato, *La crítica de la colonialidad en ocho ensayos y una antropología de la demanda*, Buenos Aires, Prometeo, 2013.

latinoamericano sea su concepción afirmativa del deseo, tomando distancia del deseo como negatividad propia de la tradición hegeliana, lacaniana o, incluso, si nos adentramos en la escena latinoamericana, populista.

FEMINISMO Y CAMPO POPULAR: UNA REFLEXIÓN DESDE LA NEGATIVIDAD

El interés por otorgarle a la negatividad un lugar dentro de los debates filosóficos y feministas actuales apunta a una cuestión elemental en el ámbito de la praxis social: la posibilidad de pensar la conflictividad. Es la tradición marxista la que entiende la importancia de la negatividad hegeliana como motor de las luchas históricas. No tanto por su dimensión teleológica como por su capacidad para pensar, por un lado, los antagonismos sociales y, por otro, la capacidad de estos para organizar las luchas políticas para la emancipación. Pero, al mismo tiempo, la tradición republicana —en la que podrían, incluso, inscribirse los trabajos del joven Marx— también nos aporta unas claves poco exploradas para pensar la dimensión fructífera del antagonismo social y, por ende, la negatividad. Más aún, esta última tradición, en su versión plebeya, reflexiona sobre la necesidad de pensar lo doméstico en su dimensión conflictual.

Como muy bien han trabajado los estudiosos del republicanismo Julia Bertomeu[32] y Antoni Domènech,[33] la

32 J.M. Bertomeu, «Fraternidad y mujeres. Fragmento de un ensayo de historia conceptual», *Estudios de Filosofía* 46, 2012, pp. 9-24.
33 A. Domènech, *El eclipse de la fraternidad. Una lectura republicana de la tradición socialista*, Barcelona, Crítica, 2004.

idea de lo doméstico es un constructo de poder premoderno, atado a una idea de afecto y propiedad. Es decir, lo doméstico remitía a la propiedad del señor feudal en los términos de un vínculo con los subordinados. Allí las mujeres —pero también campesinos, indígenas y negros— pertenecían a la esfera de la domesticidad como un espacio carente de derechos y a la merced del *señor*. Dicho de otra manera, lo doméstico funcionaba como un lazo social bien específico, a saber, la relación social del *siervo y el señor*. Si bien la Modernidad implicó la destrucción de la forma de vida señorial del feudalismo, no obstante, sus fuerzas oligárquicas reactivaron la domesticidad como espacio de perpetuación del vínculo de propiedad en clave patriarcal. Mientras que en el ámbito de lo público cada propietario sería un ciudadano libre de la república, en el ámbito de lo privado, en cambio, sería dueño de todo aquello que asumiera como propio, es decir, sus tierras, trabajadores, esposa e hijos. Dentro de este relato oligárquico, el estatus de ciudadanía quedaba reservado para los propietarios que recibían un trato libre e igualitario (entre sí). Para todos los demás, es decir, para quienes quedaban excluidos del derecho a la propiedad (o a las grandes fortunas, diríamos hoy), les quedaba reservado el viejo lazo doméstico de dependencia *afectiva*. El ciudadano, en tanto propietario de sí, se vuelve una figura ambigua: a la vez que rompe las cadenas del lazo social feudal, garantiza, a quien ostente ese estatus, propagar los resabios del lazo social patriarcal. Lo doméstico, entonces, no es una «propiedad» de las mujeres, sino el lugar al que han sido confinadas junto a otros sujetos oprimidos a los que se excluye de la propiedad.[34]

---

34 Cf. C. Pateman, *El contrato sexual*, Barcelona, Anthropos, 1995.

Por todo ello, quizás el desafío no radique tanto en reivindicar una *gestión de lo doméstico,* sino, más bien, en pensar cómo los mismos sujetos oprimidos se han rebelado históricamente contra este *dispositivo de la domesticidad* mediante la organización política. En el sentido de que las luchas contra la opresión han consistido en cuestionar, y no en reivindicar, la domesticidad en tanto lazo social. Eso que desde el punto de vista patriarcal se ha dado en llamar lo doméstico, en realidad, desde el punto de vista del sujeto oprimido que busca transformar su situación de opresión, se ha ido configurando, mediante un lazo fraterno, como campo popular. Lo doméstico, por tanto, no es otra cosa que el reverso obturado de la república, esa *res* pública cuya *cosa* a descifrar nos atañe a todos. O, dicho de otra manera, un devenir público de lo doméstico, entendido como una forma de organización política que problematiza la idea de propiedad estructurada por la concepción de lo público en su vertiente oligárquica-feudal. Me parece que las experiencias heterogéneas del campo popular, en sus múltiples formas de opresión —clase, raza y género—, han sido capaces de ir cultivando una forma de comprensión de lo público alternativo, una forma de radicalización de la república en su disputa atravesada por lo plebeyo y lo oligárquico. Por eso, creo que es en la disputa por la «cosa pública» donde se puede observar que se inaugura una escena republicana novedosa de los cuidados.

En esa dirección, cuando planteamos la tarea de pensar lo público desde una perspectiva feminista (y desde la ontología de la negatividad en los términos de falla), lo que estamos tratando de trabajar, de forma negativa, es la cosa pública de otra manera. Y hacernos cargo de ello supone revertir las lógicas de despojo neoliberal a través de mediaciones institucionales del campo popular. No se trata tanto de establecer una falsa disyuntiva entre el feminismo y el campo popular o entre este y el Estado, sino, más bien, de liberar nuestros Estados de la captura neoliberal y restituirlos a un uso común: el uso disensual de los pueblos. Más aún, se trata de marcar la frontera antagónica de otra manera: entre una república de los cuidados como imaginación de futuro y un fascismo libertario como reactivación de nuestras pulsiones autodestructivas. Un Estado de los cuidados, entonces, es una oportunidad histórica de nuestras repúblicas, una manera de revertir nuestras inercias estatistas y dinamitar de una vez por todas los resabios patriarcales que reactivan las recientes experiencias neofascistas.

Con todas y para el bien de todas

Fascistas iconoclastas

Cuando alguien pronuncia la palabra «fascismo» lo primero que se nos viene a la mente es la figura de Franco, Hitler o Mussolini ante una masa enardecida de fieles seguidores. Incluso nos descubrimos a nosotras mismas experimentando un sinfín de sensaciones reprobatorias ante el revoltijo de pasiones que pareciera desatar el vínculo entre el líder y su pueblo. Por eso, cada vez que vemos repetirse la escena, es decir, cada vez que observamos la imagen de un pueblo organizado alrededor de la figura de un líder, se encienden en nosotras todas las señales de alarma. Pero esta cadena asociativa de imágenes está lejos de ser algo espontáneo y natural. Más bien responde a un régimen de la sensibilidad que nos tiene acostumbradas a identificar de manera automática el vínculo del líder y el pueblo con la esencia del fascismo. Incluso algunas teorizaciones provenientes del feminismo tienden a replicar este lugar común. Consideran que los lazos afectivos y políticos entre los líderes y el pueblo tienen el inconveniente de replicar la estructura jerárquica propia del patriarcado que daría lugar a experiencias fascistas. Frente a esta articulación de lo político, contraponen una estructura horizontal, asamblearia y, sobre todo, carente de liderazgos.

Estimo que este prejuicio proveniente de cierto feminismo encuentra sus raíces, justamente, en este régimen de la sensibilidad que impide apreciar la dimensión emancipadora, fraterna e igualitaria que ofrece este vínculo. A continuación, entonces, me interesa ofrecer una serie de reflexiones que nos permita, por un lado, entender con mayor rigor en dónde radica la esencia o el corazón del fascismo y, por otro, desactivar este régimen sensible y la asociación emocional que determina de antemano qué vamos a encontrar allí y cómo debemos sentirnos ante los nuevos vínculos que surgen entre liderazgos y organizaciones populares. Posiblemente este rechazo absoluto al vínculo entre pueblo y líder apunte más a nuestros propios tabúes que a los peligros reales de reactivar la experiencia del fascismo. A fin de cuentas: ¿de qué hablamos cuando nombramos al fascismo?

Quizá sea momento de prestar más atención no tanto a las cadenas de asociaciones sino, más bien, a la cadena de omisiones que ha permitido situar la conexión entre pueblo y líder en el centro de la escena del fascismo. ¿No hay algo profundamente sospechoso en reflejar del lado de lo plebeyo —la dizque masa o turba fanática— la responsabilidad última del fascismo? ¿Por qué no encontramos del lado de las élites una imagen que pudiera tener el mismo peso simbólico? No es casual que el pueblo aparezca como el lugar de una sospecha y las élites queden, astutamente, sustraídas de la escena. A fuerza de fijar en nuestra memoria del fascismo la imagen del líder junto a las masas, nos olvidamos de pensar cómo las élites mundiales propiciaron su ascenso y supieron sacar todo su provecho.

Y me interesa explorar esta cuestión porque todos estos imaginarios caricaturescos sobre el fascismo presentan grandes limitaciones para entender su retorno en la coyuntura actual. Está claro que las configuraciones trilladas de los fascismos clásicos no nos ayudan a comprender sus aspectos novedosos ni, mucho menos, el papel que cumplen las élites actuales ante su nueva mutación. Hemos quedado atrapados en las grotescas imágenes del asalto al Capitolio de Estados Unidos como si allí, en ese vínculo entre Trump y su presunta «horda de fanáticos», descansara la raíz o la esencia del fascismo. Pero no nos hemos puesto a pensar en todo lo que ha tenido que pasar para que cierta parte de los sectores más vulnerables de Estados Unidos descubriera en un personaje como Trump una forma de dignidad. Es decir: cuáles han sido los diferentes mecanismos de despojo cultural, simbólico y económico que han perpetuado las élites norteamericanas sobre la población como para que esta encontrara una identificación emocional en alguien que pertenece a esa misma élite oligárquica. Y cuán astuto ha sido Trump al jugar con esos mismos tabúes del pasado para incitar a sus seguidores a la fantasía de la horda primordial.

Por otra parte, qué puede haber en común entre la imagen de Donald Trump ofreciendo banquetes de hamburguesas de McDonald's en la Casa Blanca, los guiños calculados del ministro de cultura de Jair Bolsonaro a Goebbels, la estética *pop* y naíf de un personaje como Mauricio Macri, que invita a la revolución de la alegría, o las catarsis evangélicas de Jeanine Áñez en el Palacio Presidencial de Bolivia. Es como si asistiéramos a un pastiche de imágenes en el que lo viejo y lo nuevo parecieran entremezclarse de manera confusa y caótica. Sin embargo, debajo de ese aparente caos, una nueva forma de autoritarismo, aún por descifrar, está comenzando a gestarse.

Fascistas libertarios vs. republicanas plebeyas

En *The New Faces of Fascism*,[1] el pensador italiano Enzo Traverso nos ofrece algunas claves importantes que nos pueden ayudar a pensar mejor este confuso retorno. En ese libro nos sugiere que la apelación al fascismo o al neofascismo corre el riesgo de volverse demasiado estática: como si simplemente se tratara de la repetición de un mismo fenómeno. El uso de la palabra «posfascismo», en cambio, le permite entender que se trata tanto de una continuidad como de una ruptura que excede cualquier régimen histórico determinado.[2] La otra cuestión importante que plantea Traverso atañe a los diferentes usos que hacemos del pasado para narrarnos este fenómeno. Menciona un primer uso estructurado a partir de la frontera entre el «fascismo» y el «antifascismo», propio de la resistencia republicana o comunista. Pero este uso o relato del pasado construido desde la izquierda ha sido eclipsado por la narrativa del liberalismo, la cual propició una curiosa oposición entre el «mundo libre» (apolítico y desideologizado) y el «fascismo» (politizado, ideologizado y arcaico). Es decir, esta segunda frontera ya no marca su línea divisoria a partir de la alternativa que pueden suponer los proyectos emancipatorios sino desde la democracia de libre mercado. Y el gran triunfo de esta narrativa, propia de un *ethos* liberal metamorfoseado en neoliberalismo, ha consistido en crear una equivalencia entre la izquierda y el fascismo, entendidos como dos extremos radicalizados, identificando la izquierda con el nacionalismo y el tota-

1 E. Traverso, *The New Faces of Fascism. Populism and the Far Right*, Londres, Verso, 2019.
2 *Ibid.*, pp. 2-34.

litarismo. Es decir, se instauró paulatinamente la idea de que la izquierda también podía llegar a ser fascista.[3] Según Traverso, hoy nos encontramos atrapados dentro de esta segunda narrativa, en la que el retorno del fascismo se asocia con todo aquello que no se identifica con la democracia de libre mercado, es decir, el populismo, los partidos de extrema derecha o el terrorismo islámico, por citar algunos ejemplos. Si bien esta distinción que propone Traverso es esclarecedora, ya que permite entender en qué medida esta narrativa histórica propiciada por la democracia de libre mercado es cómplice de todas las caricaturas y limitaciones que he señalado más arriba alrededor del fascismo, por otra parte, creo que no logra vislumbrar la nueva mutación que se aceleró con la pandemia de COVID-19 y la guerra: una forma de fascismo engendrada en las entrañas de ese supuesto «mundo libre». En la actualidad, se vuelve urgente revisar algunas de las trampas en las que nos encerró esta narrativa liberal y que la actual coyuntura mundial nos ayuda a desentrañar. Lo primero que podríamos advertir es que la organización del pueblo alrededor de figuras de liderazgo, la construcción de identidades colectivas o la presencia de un Estado «fuerte» no necesariamente son expresiones del fascismo e, incluso, pueden oponerse a él. Por citar un ejemplo, es muy común asociar el proyecto de nación latinoamericano con una suerte de continuidad del *ethos* colonial de blanqueamiento e invisibilización de los indígenas, los negros, las mujeres o de los colectivos que hoy reciben el nombre de LGBTIQ+. Desde esta interpretación, la nación determinaría al hombre blanco heteropatriarcal como el único suje-

---

3 *Ibid.*, pp. 135-149.

to legítimo de la historia con autoridad para perpetuar su identidad y ejercer su poder. Pero, alternativa a esa construcción oligárquica de la nación, también contamos con otra elaborada desde el campo popular, es decir, de los excluidos de esa supuesta identidad legítima. Esta idea de nación plebeya, que históricamente se ha dado en llamar nacional-popular o plurinacional-popular, se encuentra en las antípodas de la idea de nación como blanqueamiento, más que nada porque surge de aquellos sectores que han quedado fuera de ese otro relato. Es la heterogeneidad constitutiva de los que no tenían lugar en la escena oligárquica lo que produce el deseo de una articulación y una identificación alternativas. Y esto es muy distinto a cómo funciona el deseo en el fascismo. En el *ethos* fascista, la articulación de un colectivo viene dada por el deseo de conservación de algún tipo de linaje o identidad previamente constituida. Por esa razón, la lógica deseante del fascismo es inmunitaria, esto es, asume que hay una identidad ya dada de antemano que se encontraría amenazada por la presencia de un otro. Y ese otro puede ser la «casta» política, los migrantes o algún colectivo vulnerable de la sociedad. Sin embargo, esa mismidad o identidad previa a la que apela el discurso fascista es una proyección fantasmal que resulta del mismo acto de exclusión, de modo que asumirse como hombre blanco heteropatriarcal es sinónimo de no ser mujer, indígena, migrante, negra o LGBTIQ+. Dicho de otra manera, esa identidad en sí misma no existe más que como negación de todas las demás que se experimentan como una amenaza. ¿Pero qué es, entonces, lo que se ve amenazado si no hay algo así como una identidad esencial a conservar? Lo que se ve amenazado es la *posición* de privilegio que promete la articulación fascista, entendida como una forma de superioridad del hombre sobre la mujer, del blanco sobre las demás razas, de las clases altas sobre las clases medias y populares, y de estas sobre los migrantes. Por eso, los discursos xenófobos, elitistas, de discriminación por género o antiprogresistas se estructuran bajo una misma fantasía: el otro funciona como esa presencia que necesito negar y afirmar al mismo tiempo, ya que es su exclusión lo que garantiza la identidad en tanto lugar de privilegio relativo en el mundo. Hay, de este modo, una secreta complicidad paradojal entre identidad y privilegio: es la promesa, en un mundo de despojo y desigualdad, de poder *ser más que alguien*. En este punto resulta crucial comprender la diferencia radical entre las identificaciones fascistas y las identificaciones populares. En el primer caso, esta identificación se sostiene en la convicción de que debo preservar una identidad entendida como superioridad y privilegio; en el segundo, en cambio, la identificación es un proceso a construir, es una imaginación de futuro que viene dada por el deseo de preservar una heterogeneidad constitutiva e igualitaria a la vez.

Considero que si nos tomamos en serio el problema de las narrativas históricas alrededor del fascismo que plantea Traverso, la dicotomía entre el «fascismo» y el «mundo libre» es una imagen que se ha vuelto obsoleta porque omite hasta qué punto este último es deudor de aquel y cómo, de cierta manera, ese «mundo libre» ha garantizado, subterráneamente, la supervivencia del fascismo. Pensemos, por ejemplo, cuando la extrema derecha apela al principio de la libertad individual para poder rechazar la supuesta «imposición» sobre la educación sexual de los hijos, o cuando se siente amenazada ante la «ideología de género» o la intervención estatal en temas de economía, salud o educación o, peor aún, cuando habla de la tiranía del progresismo como obstáculo para la verdadera libertad de que cada uno piense, diga o haga lo que le dé la gana. Allí no se evocan las imágenes con las que asociamos el poder fascista, sino que se emplea la retórica de la libertad entendida como *no interferencia*.

Posiblemente, la gran novedad del fascismo se exprese hoy como una crisis de la libertad individual que, habiendo sido la bandera del liberalismo, ahora es apropiada por la extrema derecha. ¿Pero no ha sido la inconfesada ideología «del mundo libre», supuestamente antifascista, la responsable de convertir la libertad de no interferencia en una forma de exclusión y privilegio? Por eso pienso que, quizá, la nueva frontera entre el fascismo y una vida no fascista se juegue en la disputa por el significado de la palabra libertad en un sentido republicano.

Si algo nos ha enseñado nuestra época es que reducir la libertad a la no interferencia empobrece nuestros debates, intensifica las desigualdades y amenaza con el retorno del fascismo. Las personas no *somos* libres cuando nada ni nadie interfiere sobre nosotros, sino que, como nos ha enseñado el republicanismo, nos *hacemos* libres cuando no estamos atados a vínculos de dependencia y sumisión.[4] Por tanto, quizá el desafío sea enriquecer el sentido de la palabra libertad, entender que no toda intervención es arbitraria y que necesitamos muchos tipos

4   Para una mejor comprensión del debate sobre la libertad en términos de intervención no arbitraria y no intervención se recomiendan los textos de M.J. Bertomeu, «Republicanismo y propiedad», en revista *Sin Permiso*, 2005; A. Domènech, *El eclipse de la fraternidad. Una lectura republicana de la tradición socialista, op. cit.*

de interferencias en nuestras repúblicas para aprender a emanciparnos del odio, del privilegio y de la desigualdad estructural. Así como la hegemonía neoliberal se deshizo del principio de igualdad para organizar una forma democrática basada en una estrecha idea de libertad, probablemente hoy las oligarquías mundiales estén propiciando una mutación sin precedentes, a saber, un orden mundial que se deshace del principio de la democracia en nombre de una nueva forma de libertad. Quizá, ante esta nueva frontera epocal que se inaugura entre el fascismo y la república de los cuidados de corte popular, lo que está en juego sea la disputa por el sentido de la libertad en un mundo que se ha vuelto opaco e impredecible.

República y cuidados: nuevos usos del archivo filosófico

La cuenta atrás

Cuando nos preguntamos por los cuidados y la república, vale la pena tener en cuenta que estamos ante una vieja problemática de la filosofía política que puede ser rastreada hasta la Antigüedad grecolatina, evidenciando una historia de sucesivas reactualizaciones y transformaciones, pero también de olvidos u omisiones que parecieran propiciar una serie de desconexiones en la escena del pensamiento contemporáneo. Y por desconexiones me refiero a aquellos momentos o coyunturas en los que ciertas tramas del pensamiento comienzan a deshacerse, al punto de quedar, en algunas ocasiones, enfrentadas entre sí. En esa dirección me pregunto si no asistimos hoy a una especie de desconexión entre los problemas de la república y la teoría de los cuidados en el corazón de ciertas narrativas académicas.[1] Y también me pregunto si esta desvinculación no termina por convertirse en una operación contraproducente, un límite autoimpuesto por los propios marcos teóricos ante un escenario político

1   C. Vega Solís, «Reproducción social y cuidados en la reinvención de lo común. Aportes conceptuales y analíticos desde los feminismos», *Revista de Estudios Sociales* 70, 2019, pp. 37-47.

mucho más complejo y desafiante. Como si los acumulados históricos se desvincularan de las narrativas del presente, y estas terminaran por segmentar la realidad en compartimentos rígidos y estancos.

Así, pues, cabe preguntarse si resulta edificante para la praxis política actual separar (incluso, en algunas ocasiones, enfrentar) la tradición de pensamiento republicano con el problema del cuidado. Uno de los supuestos con los cuales suele justificarse esta desvinculación consiste en afirmar que las teorizaciones sobre la república —esto es: la *res publica*— habrían ido en desmedro del ámbito de lo doméstico, como si pensar la república implicara, de manera automática, desatender esa dimensión de la praxis humana. Y a esta presunción se suma la otra de creer que darle autonomía al problema del cuidado respecto de lo público sería una tarea política de primer orden capaz de liberar a estas prácticas del lugar en el que habrían quedado constreñidas por los lenguajes republicanos. Lo que esta trama narrativa pareciera sugerir, entonces, es que lo público y lo doméstico se encontrarían en una relación de oposición asimétrica, puesto que el orden de lo público se constituiría mediante una operación de escisión y sometimiento del ámbito doméstico. Planteadas las cosas en estos términos, entonces, pareciera que dicha relación de oposición solo puede culminar en un enfrentamiento entre ambas esferas, de modo que, al considerar la cuestión de la república, no haríamos otra cosa que reforzar uno de los polos de esta confrontación (lo público) en desmedro del otro (lo doméstico).[2]

2   Cf. R. Segato, «Coronavirus: todos somos mortales. Del significante vacío a la naturaleza abierta de la historia», *Lobo Suelto*, 2020, https://lobo-suelto.com/todos-somos-mortales-segato/

En lo que se refiere a este texto, entonces, me gustaría llevar a cabo un ejercicio de imaginación o ficción filosófica que provoque una suerte de interferencia entre la realidad y lo que estas teorías afirman sobre lo público y lo doméstico, la república y los cuidados. Y esta interferencia o cortocircuito propuesto en el interior de determinadas narrativas académicas vinculadas al problema de los cuidados no tiene otra finalidad que la de volver a conectar lo que ha sido desvinculado. Pero querer vincular lo que ha sido desvinculado no implica volver a repetir la escena, esto es, la escena del pensamiento tal y como ha tenido lugar. Muy por el contrario, volver a propiciar conexiones sensibles entre nuestros acumulados históricos republicanos y el viejo problema filosófico de los cuidados puede contribuir a consolidar una escena feminista heterodoxa y radical.

¿Y por qué digo heterodoxa? Porque más que hacer un corte abrupto o *tabula rasa* con el archivo filosófico, es decir, con lo que la tradición de pensamiento ha hecho de sí para pensarnos a nosotras mismas, me interesa, más bien, volver a traerlo a escena para contarnos la historia de otra manera. No considero ni inteligente ni fructífero renunciar a nuestra tradición de pensamiento por considerarlo un mero ejercicio de poder patriarcal. Me parece que esa suposición pone en marcha una operación reduccionista, miope y que, finalmente, termina por reactivar las mismas fantasías patriarcales de las que queremos deshacernos: un mundo enfrentado entre lo masculino y lo femenino.[3] Reducir el mundo a esta dicotomía es quedar atrapadas en la fantasía del otro, es decir, en la fantasía de

3 *Ibid.*

quien se ha identificado con ese archivo de la humanidad como una cosa que le pertenece. Identificar sin más el archivo filosófico occidental con el patriarcado y, por tanto, con una mirada masculinista, no hace otra cosa más que reforzar, desde el otro lado, la misma mirada dicotómica que buscamos desmontar. Hacer un uso feminista de este archivo filosófico implica reconocer que no tiene «propietarios» y que podemos emplearlo como reservorio de futuro. Es, si se me permite, hacer de la filosofía un campo de operaciones para intervenir con un procedimiento bien específico: trabajar sus archivos sin sus lastres, es decir, sin sentirnos atadas a sus viejas servidumbres. Porque si queremos cambiarlo todo en el orden de la verdad, contemos, entonces, la misma historia de otra manera; sin sus lastres, sí, esos lastres que nos tienen atadas a la triste y perversa historia de una opresión milenaria, pero, también, sin la hipocresía encubierta de un historicismo ramplón cuyo entusiasmo se alimenta de la demagógica convicción de creer que el pasado sería algo que, sencillamente, podemos (y debemos) dejar atrás. Permitamos, más bien, que el pasado piense en nosotras y trabajemos con (y contra) ese pasado que nos piensa. Volvamos, entonces, a la filosofía como inquietud de sí, esto es, a la filosofía como cuidado. Construyamos, por tanto, una escena irreverente y hagamos florecer nuevamente la filosofía.

Uno

¿Cómo contar la historia de la república? O, mejor dicho, ¿qué podemos decir de la república desde un lugar de enunciación como el latinoamericano, tan proclive,

gracias a algunos marcos teóricos hoy en boga, a iden-
tificarla, sin más, con la historia de una conquista y una
opresión? Lo primero que podemos decir es que este tipo
de afirmaciones o generalizaciones hacen del pasado un
slogan de consumo fácil y, del pensamiento, un ejercicio mecánico y poco proclive a explorar su dimensión
dialéctica. Como recuerda Julia Bertomeu: «el republicanismo es una tradición milenaria, bien arraigada en
el mediterráneo antiguo clásico, y común y justamente
asociada a los nombres de Efialtes, Pericles, Protágoras o
Demócrito (en su versión democrático-plebeya) y a los de
Aristóteles o Cicerón (en su versión antidemocrática)»,[4]
pero también es una tradición reelaborada en el mundo moderno tanto europeo como latinoamericano, a
través de dos variantes: una democrática o plebeya y
otra oligárquica o elitista. La cuestión de la república
y sus teorizaciones, entonces, no es el resultado de un
proceso de dominación, sino, más bien, un espacio en
disputa.[5] Y cuando decimos espacio en disputa nos referimos, por un lado, a la posibilidad de hacer inteligibles
esos acumulados históricos del pasado que se vinculan
con las experiencias republicanas plebeyas, es decir, construidas desde abajo y, por otro, a las posibilidades teóricas de inscribirlos en nuestros imaginarios emancipatorios. Porque si el republicanismo no se dice a secas, sino

---

4   M.J. Bertomeu, «Republicanismo y propiedad», *op. cit.*
5   Para un debate más preciso sobre estas dos concepciones de la historia
republicana recomiendo los siguientes textos: J. Figueroa, *Republicanos negros*, Bogotá, Crítica, 2021; V. Coronel, *El último siglo de las luces. Liberalismo radical y populismo popular en Ecuador*, Quito, FLACSO-Ecuador,
2022 y L. Cadahia y V. Coronel, «De las fantasías decoloniales a la imaginación republicana», en M. Marey (ed.), *Teorías de la república y prácticas
republicanas*, Barcelona, Herder, 2021.

que exige un esfuerzo teórico de relectura del pasado, es porque al hablar de republicanismo estamos contando la historia universal de dos genealogías contrapuestas. La genealogía de las élites, cuya mirada unilateral y abstracta del pasado tiende a identificar a las instituciones y el derecho con un blindaje de privilegios para una minoría. Pero, también, la genealogía popular de quienes no se han cansado de propiciar un uso igualitario y expansivo de ese mismo derecho y esas mismas instituciones. Incluso, si lo pensamos desde América Latina y el Caribe, esa tensión se expresa, por un lado, mediante los proyectos republicano-oligárquicos construidos a partir de la fantasía de una nación blanqueada, excluyente y masculina y, por otro, a través de los proyectos republicano-plebeyos construidos por quienes, al quedar sustraídos de esa otra escena (blanca), comienzan a darle forma a lo (pluri) nacional-popular. Por eso, hablar del legado plurinacional-popular en nuestro continente americano, materializado por las «clases domésticas», es decir, por aquellos a quienes se les había negado el derecho a tener derechos, no es lo mismo que hablar de la nación europeizante como mecanismo de dominación. Identificar la cuestión de la república con la historia de una dominación es un nuevo ejercicio de violencia, más cercano al relato de la élite que a la historia de los pueblos, puesto que oculta, en sus relatos, aquellas conquistas populares que dieron forma a la emancipación. Porque lo que está en juego no es únicamente el sujeto político que tiene derecho a participar de la república, sino, también, la concepción misma de lo público, que oscila, dependiendo de nuestros relatos, entre un bien privado (oligárquico) y un bien común (plebeyo), es decir, entre lo público-oligárquico y lo

público-plebeyo.[6] Y, allí, alrededor de lo público concebido como propiedad de unos pocos o como bien común,
se juega todo el problema de lo doméstico y del cuidado.
¿Es posible, entonces, atar la cuestión del cuidado a este
legado republicano-plebeyo?

Dos

En su introducción al libro colectivo *Miradas latinoamericanas a los cuidados,* Karina Batthyány recuerda que
el uso de la palabra «cuidado» es relativamente reciente
dentro del campo de los estudios feministas, puesto que
antes de emplearse esta expresión se hablaba en los términos del «trabajo reproductivo», «división sexual del
trabajo» o «trabajo doméstico».[7] El problema del cuidado aparece, añade la autora, cuando se quiere empezar
a pensar la especificidad de este tipo de acciones dentro
del ámbito más general del trabajo doméstico. Y el eje
ya no versará tanto sobre el estudio comparativo entre
acciones remuneradas y acciones no remuneradas, sino,
más bien, sobre la particularidad, por un lado, de las acciones que tienen lugar en el interior del hogar (o que han
sido vinculadas con lo doméstico) y, por otro, del tipo
de subjetividad afectiva que tales acciones produce.[8] Por
tanto, es a partir de esa operación que se va a distinguir

6   M.J. Bertomeu, «Republicanismo y propiedad», *op. cit.*
7   Cf. C. Carrasco, C. Borderías y T. Torns, «Introducción. El trabajo de
cuidados: antecedentes históricos y debates actuales», en C. Borderías y T.
Torns (eds.), *El trabajo de cuidados: historia, teorías y política*, Madrid, Ca-
tarata, 2011; K. Batthyány, *Miradas latinoamericanas a los cuidados*, Buenos Aires/México, clacso/Siglo xxi, 2020.
8   Cf. C. Saraceno, *Il lavoro mal diviso*, Bari, De Donato, 1980.

el trabajo doméstico del trabajo del cuidado. A su vez, nos recuerda la autora, «el cuidado fue incorporado por la academia desde el sentido común, pero no existió una conceptualización teórica inicial» y «este es justamente uno de los problemas que presenta para su definición».[9] No obstante, y a pesar de estas dificultades iniciales para definir qué queremos decir cuando hablamos de cuidados, surgieron diferentes perspectivas o disciplinas académicas que le habrían ido dando forma a este término: la economía feminista, la sociología feminista y la antropología y psicología social.[10] Cada uno de estos abordajes, entonces, ayudarían a entender mejor la trayectoria con la que hemos llegado a la conceptualización actual sobre los cuidados, y que podría resumirse de la siguiente manera: a) una actividad dentro del entramado de la economía y la reproducción social capitalista (economía); b) un régimen de bienestar social que implica la familia, el Estado y el mercado y, al mismo tiempo, un derecho ciudadano (sociología) y c) una moral propia de la identidad femenina alternativa a los parámetros de moralidad masculina (psicología y antropología social).[11] Lo que me interesa resaltar aquí es que, a pesar de la proliferación de enfoques sobre este tema, la cuestión de los cuidados se ha centrado en dos aspectos fundamentales: la economía y la ética. Y quizá, por eso mismo, nos faltaría ahondar más en su dimensión política. Identificar el cuidado con el problema del trabajo no remunerado, como hicieron los estudios pioneros de las feministas italianas al hablarnos del *lavoro di cura,* nos ha permitido, en primer lugar, pensar

9   K. Batthyány, *Miradas latinoamericanas a los cuidados, op. cit.*, p. 12.
10   Cf. *ibid.*, p. 14.
11   Cf. *ibid.*

un tipo de explotación capitalista que no había sido suficientemente elaborado por la teoría marxista; en segundo lugar, explorar qué tipo de acción concreta puede llegar a ser el cuidado y cómo se relaciona con nuestras formas de vida.[12] O, dicho de otra manera: qué papel desempeña la actividad del cuidado en la reproducción social de la fuerza de trabajo cuando es concebida como una actividad productiva que, yendo más allá de la relación trabajo-salario, se centra en el sostenimiento de la vida humana.[13] La gran novedad de estos trabajos intelectuales es que nos ayudaron a entender que cuidado y vida expresan una relación indisociable en nuestros imaginarios actuales: sin cuidado no hay vida. Por otro lado, también han mostrado que esta actividad, identificada con el ámbito doméstico, es decir, con un tipo específico de lazo social, ha sido ejercida históricamente por las mujeres —aunque no solamente— e implica, en su mismo desarrollo, sentimientos y emociones hacia los demás.[14] La explicitación de esta dimensión afectiva abrió las puertas para pensar el problema de la subjetividad de quien ejerce el cuidado en su dimensión ética, en la medida en que el cuidado de la vida ha supuesto, desde esta perspectiva, un modo de ser y una modalidad de la acción para la reproducción social. Algunas autoras, en su mayoría provenientes de la academia anglosajona, por otra parte, terminaron por desplazar el enfoque marxista por uno más abocado a la

---

12 Cf. S. Federici, «Sobre el trabajo de cuidados de las personas mayores y los límites del marxismo», en C. Borderías y T. Torns (eds.), *El trabajo de cuidados: historia, teorías y política, op. cit.*

13 Cf. N. Fraser, «El capital y los cuidados», *New Left Review* 100, 2016, pp. 11-133.

14 Cf. C. Gilligan, *In a Different Voice: Psychological Theory and Women's Development*, Cambridge, Harvard University Press, 1993.

tarea de pensar este tipo de acción como algo propio de la identidad femenina; y a proponer una ética o moral del cuidado en contraposición a la ética de la justicia (asociada a lo jerárquico y lo masculino).[15] Este desplazamiento dio pie a dos aspectos, a mi entender, problemáticos. En primer lugar, se empezó a hablar de «tareas femeninas» organizadas por una ética diferente a la patriarcal y, por otro, empezó a desatenderse la dimensión material y política que había configurado la teoría marxista feminista.[16] Y considero que este desplazamiento es problemático porque no se trata solo de descubrir el compromiso emocional o afectivo que envuelve las acciones de los cuidados, sino también de preguntarnos: ¿qué vamos a hacer con este hallazgo en escenarios de despojo y desigualdad social? ¿Cuáles son sus posibilidades democratizadoras y cómo esa apelación al ámbito de la sensibilidad puede ayudarnos a propiciar una transformación material de nuestras sociedades?

Ahora bien, gracias al feminismo marxista pudimos descubrir en el trabajo del hogar claves para propiciar la organización popular de las mujeres, es decir, hacer del trabajo doméstico un lugar de afirmación en tanto sujetos políticos conscientes de la explotación que sufren y capaces de proponer acciones de resistencia al neoliberalismo.[17] Pero lo que podríamos problematizar es el desplazamiento hacia la ética del cuidado en clave identitaria, meramente afectiva y alejada de lo político, puesto que cabe pregun-

---

15 Cf. *ibid.*

16 Cf. J.C. Tronto, *Caring Democracy: Markets, Equality, and Justice*, Nueva York, NYU Press, 2013.

17 Cf. J. Gardiner, S. Himmelweit y M. Mackintosh, «Women's Domestic Labour», *New Left Review* 89/1, 1975, pp. 47-58.

tarse si el papel de los sentimientos y las emociones debe ser reservado exclusivamente para este tipo de actividad o si, por el contrario, es posible trascender esta fantasía patriarcal y empezar a pensar que toda actividad humana implica una dimensión afectiva y del cuidado. Y que justamente los estudios sobre el trabajo doméstico no solo nos han ayudado a reflexionar sobre un campo de acción ausente en los debates políticos clásicos, sino que, al mismo tiempo, nos ha permitido reconectar con un ámbito del quehacer humano prácticamente olvidado por otras esferas del pensamiento político contemporáneo —salvo excepciones como las del pensamiento populista—. Aquí cabría preguntar por qué el vínculo entre acción y afectos ha sido identificado con las mujeres y se ha limitado al ámbito de lo doméstico. Y, también, si no hay una imprecisión intelectual cuando se sugiere que la cuestión del cuidado solo se hizo pensable por primera vez cuando las teóricas del feminismo decidieron incorporarlo a sus debates. La audacia política del feminismo, entonces, consistió en haber vuelto a poner en el centro de la escena del pensamiento a los cuidados y los afectos. Pero digo *volver* porque lo cierto es que, a diferencia del silencio intelectual alrededor del trabajo doméstico, la cuestión del cuidado sí ha sido, en otros momentos de la historia, un problema filosófico de primer orden. Y la tarea, por tanto, es ver qué sucede cuando conectamos este resurgimiento del cuidado por parte de la teoría feminista contemporánea con el archivo filosófico del pasado. Y me pregunto si un uso feminista de este archivo filosófico nos puede ayudar a enriquecer el imaginario dominante alrededor del cuidado, que pareciera reducirse a «una actividad que hacemos para ayudar a personas que no pueden velar por sí mismas en el desarrollo de su vida cotidiana». ¿Por qué, entre las diferentes imágenes sobre el cuidado, hemos hecho prevalecer aquella que supone un vínculo de dependencia? ¿Solo cuidamos cuando alguien depende de nosotras? ¿Cuidar es solo ayudar y hacer algo por los otros o todavía hay un resquicio para pensar esta acción con los otros? Me parece que en la triangulación cuidado, trabajo y sujeto todavía hay espacio para descifrar otras claves de lectura desde la filosofía. Porque si queremos hacer del problema del cuidado uno de los referentes de la transformación social, vamos a necesitar mucha imaginación colectiva y filosófica que nos oriente en la acción y que haga del léxico del cuidado el lugar en el que se cifre un nuevo sentido de la acción humana en clave emancipadora. Y, para ello, no basta con identificar el cuidado con las mujeres ni decidirnos, entre las diferentes figuras del lazo social, por aquella que hace de la dependencia de un otro el vínculo privilegiado. Creo que ahí, en esa diferencia entre hacer algo por el otro y hacer algo con los otros, se juega la posibilidad de una reinvención republicana del cuidado.

TRES

Durante el siglo xx tuvieron lugar dos operaciones filosóficas que pusieron la cuestión del cuidado en el centro de la escena: la primera, propiciada por Heidegger en la década de 1920; la segunda, por Foucault, en los mismos años en que se venía desarrollando el trabajo de las marxistas italianas. A simple vista podríamos creer que se trata de dos operaciones muy similares, puesto que ambos filósofos recurren al uso del cuidado en la Antigüedad y lo incorporan a sus respectivos proyectos filosóficos. Sin embargo, si prestamos detenida atención al tipo de intervención que cada uno plantea, nos damos cuenta de que terminan propiciando movimientos intelectuales muy disímiles entre sí. Me interesa evidenciar esta contraposición porque considero que, mientras Heidegger sustituye la dimensión ético-política del cuidado por una concepción moralizada del mismo en la vida fáctica o cotidiana, Foucault, en cambio, plantea una radicalización de la praxis política a partir del problema del cuidado de sí y de los otros. Y esta diferencia consiste, por un lado, en los legados que cada filósofo escogerá para pensar este problema y, por otro, en el vínculo que se deriva del problema del sujeto y la verdad. En la etapa de *Ser y tiempo,* Heidegger se va a dedicar a estudiar algunos de los momentos fundacionales de la ontología tradicional (Aristóteles, Kant y Husserl) con la finalidad de confrontar a la tradición filosófica y preparar el terreno para una refundación radical de la filosofía.[18] Los dos aspectos que va a criticar de la ontología tradicional serán la omnipotencia otorgada al ser como presencia (de ahí su interés por pensar desde la temporalidad) y la concepción teorética de la vida humana que sostiene esa metafísica. Y para poder llevar a cabo esa operación crítica (o destructiva, según las palabras del mismo filósofo) va a elaborar un acercamiento no teorético a la vida fáctica. Es decir, Heidegger está interesado en refundar la actividad filosófica como una actividad fenomenológica que pueda aprehender los ámbitos prerreflexivos de la vida cotidiana. La vida fáctica, abordada desde este punto de

18 Cf. F. Volpi, *Heidegger y Aristóteles*, Buenos Aires, FCE, 2012.

vista fenomenológico, por tanto, será el lugar de anclaje a partir del cual construirá toda su operación filosófica contra la tradición. Para tal propósito, recurrirá al legado griego de la Antigüedad, pero también a la antropología de san Agustín y las meditaciones de Lutero, puesto que en el cruce de estos ejes creerá encontrar instancias en las que el pensamiento fue capaz de iluminar zonas de la vida fáctica sin recurrir a dispositivos teóricos. Si bien se dará cuenta de que con apelar a estos legados no será suficiente para alcanzar este propósito y, por eso, necesitará crear nuevas categorías y conceptos existenciales que permitan este tipo de abordaje, la influencia retórica y el tipo de exploración vivencial que se puede encontrar en la escritura de san Agustín y Lutero marcarán el modo de indagación filosófica de Heidegger. Si prestamos atención al tipo de voz filosófica que Heidegger construye cuando nos habla en *Ser y tiempo,* nos damos cuenta de que se trata de una voz vivencial, desvinculada de la praxis política concreta y sumergida en indagaciones de la vida interior de una especie de conciencia que, paradójicamente, ha renunciado a llamarse de esa manera.

Podríamos decir que Heidegger invierte el modo de proceder de la tradición filosófica, y eso es lo que le permitirá decir que la teoría y la ontología tradicional (pero también la metafísica, la psicología y la antropología) funcionan como un derivado de modos de ser más originarios de la vida fáctica o estructuras prácticas del ser-ahí *(Dasein).* En esa dirección, la determinación originaria esencial del hombre no estaría en lo que la filosofía u ontología tradicional habría dicho hasta ahora, a saber, el hombre como sujeto o conciencia escindida del objeto o del mundo, sino que la primera determinación del ser-ahí

—eso que desde la ontología tradicional se ha dado en llamar «el hombre»— no sería otra cosa que ser-en-el-mundo. Y es a partir de esta búsqueda que el cuidado entrará en el centro de su apuesta filosófica. Aquí le disputará a Husserl el sentido mismo de la actividad fenomenológica. Si para Husserl la fenomenología era, a fin de cuentas, una estructura teórica capaz de revelar en la intencionalidad el fundamento último del sujeto, para Heidegger, en cambio, la fenomenología puede ser un acercamiento no teórico de la vida fáctica (esto es, más allá de la escisión sujeto-objeto), y cuya determinación última será nada más ni nada menos que el cuidado *(Sorge)*.[19] Es decir, el cuidado será definido por este filósofo como el modo originario de ser del *Dasein* o del sujeto —si lo definimos desde el lenguaje de la Modernidad— dentro del teatro vivencial de su facticidad. Pero observemos esto con más detalle. El cuidado se vive como una doble estructura dramática en Heidegger: angustia y desazón. El ser se encuentra a sí mismo arrojado a un mundo que experimenta como un no-estar-en-casa *[Un-zuhause]*.[20] Y esta sensación de amenaza y de no pertenencia a ninguna parte, paradójicamente, es una apertura en la que se abre un mundo.[21] La angustia, por tanto, le revela al *Dasein* el mundo como una apertura y, a esta, como la experiencia de un arrojo en la que deberá decidir su ser, es decir, si se pierde o si se elige. De modo que ser-ahí *(Dasein)* y mundo serían, para Heidegger, cooriginarios. Pero aquí la cooriginariedad no se da mediante un sistema de relaciones sociales objetivado por la praxis colectiva, sino que se

19 Cf. M. Heidegger, *Ser y tiempo*, Trotta, Madrid, 2009, pp. 182-212.
20 Cf. *Ibid.*, pp. 189-193.
21 Cf. *Ibid.*, pp. 183-190.

da a través de una voz vivencial que, en solitario, nos va susurrando los diferentes olvidos que ha sufrido el ser a lo largo de esta historia positiva. Esta apertura, por su parte, nos viene a decir Heidegger, se expresa en tres momentos fundamentales o existenciales del ser-ahí: la disposición afectiva *(Befindlichkeit)*, la comprensión *(Verstehen)* y el discurso *(Rede)* o articulación *(Artikulation)*.[22] Cuidar, planteado en estos términos, entonces, apunta a la elección originaria de un ser que deberá decidir —desde la angustia, la amenaza y la desazón— si asume o rechaza la realización de una vida auténtica. La verdad del sujeto se va a jugar, así, en los términos de lograr o no esa vida auténtica que viene determinada, *a priori,* por las formas existenciales del ser-ahí.

Pero detengámonos en la disposición afectiva, puesto que esta, concebida por Heidegger como uno de esos momentos opacos de la vida humana, conecta con las pasiones o estados de ánimo bajo la forma de un ser arrojado. Lo primero que cabe resaltar es que la expresión *Befindlichkeit* es la traducción alemana de *affectio,* término latino empleado por san Agustín para pensar la vida anímica.[23] Y ser arrojados al mundo, en cuanto estructura fundacional de la apertura constitutiva del *Dasein,* es lo que revela, ante todo, la dimensión fáctico-afectiva frente a lo teorético. Es interesante, entonces, constatar que la contraposición entre lo teórico y lo afectivo planteada por Heidegger es, en realidad, una contraposición construida desde un legado filosófico bien específico: la experiencia vivencial de la conciencia agustiniana, autoperci-

22   Cf. *Ibid.,* pp. 135-169.
23   Cf. F. Volpi, *Heidegger y Aristóteles, op. cit.,* p. 25.

bida como vida afectiva. Por eso, cuando contrapone la vida teorética a la vida fáctica, lo que Heidegger hace es combatir la tradición filosófica moderna con las raíces cristianas del pensamiento agustiniano. Pero no solo eso, sino que establece una jerarquía subterránea al otorgarle a los afectos —y a la vida íntima que se expresa a partir de ellos— una dimensión más originaria. Y esto lo expresa él mismo en el año 1919, cuando, en una carta dirigida a Engelbert Krebs, confiesa que su vocación filosófica está al servicio de la realización del destino eterno del hombre interior.[24] Si la vida afectiva es la realización del hombre interior y si esta se descubre en la voz solitaria de una vivencia anímica, se comprende por qué la dimensión afectiva, entendida como vida fáctica o cotidiana, se elevará a un trascendental. En otras palabras, Heidegger destruye el vínculo moderno entre sujeto y verdad, puesto que la teoría, la ciencia, los conceptos o las instituciones, es decir, las relaciones sociales existentes, vendrían a ser algo así como derivados o verdades de segundo orden construidas por la ontología tradicional. Lo que existe, en cambio, y existe como una verdad más originaria o vivencial, es el vínculo de cada quien con sus vivencias afectivas. La apertura del *Dasein,* por tanto, no será otra cosa que un nuevo vínculo del sujeto con la verdad, una verdad que, por un lado, se va a revelar de manera íntima en la vida cotidiana y afectiva de cada uno y, por otro, abrirá las puertas para una absolutización ontológica de lo afectivo. Las disposiciones afectivas pasan a ser determinaciones ontológicas en la medida en que son soportes fundacionales de la operación filosófica que está propo-

---

24 Cf. *Ibid.,* p. 71.

niendo Heidegger. Y esto pareciera indicar, a casi cien años de *Ser y tiempo,* cómo esta apertura afectiva del *Dasein* terminó por convertirse en un cerrojo que, al querer recuperar la pregunta por el ser, terminó por olvidarse de las relaciones práctico-materiales de existencia en las que ese mismo *Dasein* era capaz de hacerse estas preguntas. No sería mala idea preguntarnos por los efectos que tiene para nuestro presente la operación filosófica llevada a cabo por Heidegger un siglo atrás, más que nada para los actuales debates académicos que tienden a escindir la teoría (o los conceptos) de los afectos y a erigir a estos últimos como fundamento primordial del cuerpo y de la realidad social. Me pregunto si cuando reivindicamos los afectos como un lugar más originario desde el cual dar cuenta de la verdad del sujeto y de su lucha política, no terminamos por hacer coincidir al cuidado con esa disposición afectiva agustiniana anclada en la experiencia vivencial de la vida fáctica. Al identificar el cuidado con los afectos y a estos con un lugar más originario terminamos por contraponerlos a las relaciones objetivadas de vida colectiva tales como el Estado, la sociedad civil o el mercado. Vale la pena preguntarse si Heidegger, en su intento por destruir la metafísica occidental, no terminó consolidando una metafísica solipsista de los afectos.

La operación filosófica propiciada por Foucault al momento de poner la cuestión de los cuidados en el centro de sus reflexiones filosóficas se diferenciará mucho de lo mencionado hasta aquí sobre Heidegger. Lo primero que cabe resaltar es que Foucault será extremadamente crítico de las raíces cristianas del pensamiento agustiniano. Más aún, no renunciará al lenguaje de la tradición moderna y encontrará en ella un tipo de actitud filosófica con la que se reconocerá y de la que se sentirá heredero. Foucault, por tanto, no renuncia al léxico y a los problemas de la Modernidad, tales como la escisión entre sujeto y objeto, el legado de pensamiento crítico o el problema de los vínculos entre poder y libertad y sus posibilidades emancipadoras. Por otro lado, lo que Foucault va a combatir de la noción de cuidado es justamente la idea de que este tipo de actividad tenga algo que ver con la vida interior del hombre. Se dedicará a estudiar cómo ha evolucionado el problema del cuidado en la historia grecolatina, pues justamente le interesa rescatar aquellos momentos del pasado en los que esta cuestión funcionaba como un problema público y político de primer orden, esto es, cuando el problema del cuidado estaba asociado a la vida ético-política en la *polis* y cuando el problema del cuidado de sí era, en un sentido indisociable, un problema relacionado con el cuidado de los otros, es decir, con la cuestión del gobierno de sí y de los demás. Además, para Foucault, el cuidado no es una preocupación vivencial atravesada por la angustia de una vida auténtica, sino que se trata, más bien, de un problema práctico que implica la cuestión del trabajo. Si en Heidegger el cuidado es angustia y preocupación, en Foucault, en cambio, será trabajo y transformación. Y esto explica por qué en uno y otro caso el problema del cuidado tendrá derivas muy diferentes entre sí. Y decir que el problema del cuidado es el problema del trabajo de sí es advertir cuáles son las prácticas que llevamos a cabo dentro de las relaciones sociales para establecer vínculos entre el sujeto y la verdad. Dicho de otra manera: qué tipo de pacto con la verdad construimos en nuestras sociedades de manera colectiva y cómo estos pactos afectan a nuestros procesos de subjetivación, esto es, cómo nuestra praxis nos hace sujetos y cómo estas subjetividades van a asumir una verdad de sí. Foucault aborda estos problemas a partir de la constatación de sistemas sociales de opresión que resultan de las relaciones de poder. Su obsesión será la de pensar si acaso es posible organizar las sociedades de tal forma que las relaciones de poder y de libertad permitan configurar pactos de verdad más libres e igualitarios.

Todo esto explica que en los últimos años en el Collège de France dedicara sus investigaciones casi exclusivamente al vínculo entre *bios* y cuidado de sí en los términos de técnicas de sí. Estas técnicas de sí tienen lugar en el repertorio foucaultiano a partir de una lectura del cuidado en los antiguos. En los cursos impartidos entre 1980 y 1982 en el Collège de France, Foucault estudia en qué medida las prácticas de sí de la Antigüedad no tenían por finalidad la voluntad de obediencia a las normas o el reconocimiento de una vida interior de la conciencia, elemento imprescindible para el funcionamiento de la lógica del biopoder, sino una constitución de sí en términos de *askésis* del sujeto.[25] Para dar cuenta de esto, intenta demostrar que la diferencia no radica tanto en las prácticas y regulaciones de sí entre uno y otro momento histórico, sino más bien en el tipo de relación que el sujeto elabora consigo mismo. A diferencia de los especialistas en filosofía antigua, no dirige sus investigaciones hacia un estudio exhaustivo de los conceptos y argumentos de los sistemas filosóficos de los antiguos, sino hacia la manera en que estos problematizaban sus prácticas éticas, desarrollando así un uso particular de la forma en que se constituían.

25   Cf. M. Foucault, *Hermenéutica del sujeto*, Buenos Aires, FCE, 2006.

Para trazar su propia clave de lectura, trata de observar cómo se desarrollaron los preceptos délficos del «cuidado de sí» *(epimeleía heautoû)* y del «conócete a ti mismo» *(gnôthi seautón)*, sobre todo en el *Alcibíades* de Platón y, luego, en el estoicismo tardío. En este punto toma distancia de los historiadores de la filosofía antigua y afirma que estos últimos han considerado equivocadamente un predominio del precepto «conocimiento de sí» sobre el de «cuidado de sí», bajo el supuesto de que la relación privilegiada del sujeto con la verdad tiene lugar en el primero de dichos preceptos.[26] Según Foucault, esta lectura habría pervivido gracias a que, desde la historiografía oficial, el concepto «conocimiento de sí» en los antiguos era concebido como el autoconocimiento de la interioridad de un yo, funcionando así como fundamento de la moral.[27] Pero, para Foucault, gracias a una lectura a contrapelo de este período histórico, la vida de los hombres no es una entidad dada que es preciso regular, sino el lugar de un trabajo de sí. Es decir, instala esta nueva perspectiva desde la que considerar la vida y la política mediante un estudio sobre las prácticas ético-políticas de la Antigüedad. El estudio de las técnicas de sí en la Antigüedad lo conducirá al problema de la distinción entre conocimiento y práctica y a la pregunta por su mutua relación. Esta forma de plantear la cuestión no atañe únicamente al estudio de las prácticas antiguas, sino que se trasladará a la cuestión del sujeto y los procesos de subjetivación. Es decir, lo que comienza como una investigación sobre las prácticas de los individuos durante el período grecorro-

26 Cf. *Ibid.*, pp. 15-19.
27 Cf. *Ibid.*, pp. 15-38.

mano se transformará en un modo de enfocar los problemas de la filosofía en general. Una perspectiva filosófica que posibilita otra forma de concebir los procesos de subjetivación, en los que el poder y la libertad van a funcionar como dos aspectos complementarios e irreductibles del problema ético-político del cuidado; un enfoque en el que resurge la tradición filosófica y el espectro de problemas que la filosofía moderna había dejado de manera subterránea como legado para nuestro presente.

Cuatro

Traigo aquí los recorridos intelectuales de Heidegger y Foucault porque no solo me parece que con cada uno de estos filósofos es posible descubrir que el problema del cuidado es una cuestión de larga data en el ámbito del pensamiento político y filosófico, sino porque, además, es posible advertir una tensión entre dos formas de abordaje y sus respectivos efectos teóricos para nuestros debates actuales. Y aquí es donde aparece la pregunta acerca de cómo nos vamos a relacionar con nuestros archivos filosóficos. O, mejor dicho, qué tipo de uso vamos a hacer de estas dos interpretaciones del cuidado que han sido configuradas durante el siglo xx y que denotan una larga historia de debates y disputas intelectuales. ¿Nos vamos a decantar por la reactivación agustiniana ofrecida por Heidegger y su metafísica de la vida afectiva como lugar originario para pensar la verdad del sujeto o vamos a impulsar la vía foucaultiana que hace del cuidado un problema práctico-político que busca transformar las condiciones materiales de existencia? Considero que aquí sí existe una dicotomía real entre dos *ethos* filosóficos o dos formas contrapuestas de encarar una actitud hacia el presente y hacia los desafíos que se juegan en este nuevo siglo. La decisión de cuál de ellos sea más propicio para pensar el presente descansa, a mi entender, en el tipo de entusiasmo que cada uno propicia. Y me parece que la vía foucaultiana tiene más posibilidades de reconectar el problema del cuidado en clave republicana. Más que nada porque abre las puertas para pensar la cuestión del cuidado como un problema público y anclado en las relaciones materiales de existencia. El desafío, entonces, es preguntarnos cómo operan estas herencias filosóficas en nuestros debates intelectuales y qué tipo de usos feministas vamos a hacer de todo este archivo filosófico de la república y los cuidados ante un siglo que promete poner fin a uno de los sistemas de dominación más antiguos de Occidente.

La aurora republicana
(o el despertar de la fraternidad)

Entusiasmo y lucidez

Me gustaría comenzar este apartado con una pregunta
muy sencilla: ¿es posible volver a entusiasmarnos con
la filosofía? Y lo pregunto porque a veces parece que la
filosofía vive obsesionada con evitar que la historia se
repita. Experimentamos un temor ante el hecho de ver-
nos a nosotras mismas repetir la historia y sus horrores.
Cómo evitar el horror de la historia, nos preguntamos
una y otra vez desde la filosofía. ¿Y cómo evitarlo desde un pensamiento cuyas fuerzas no es capaz de controlar? Como si la única solución que hemos encontrado
fuera la de un cierto desencanto que nos autorizaría a
juzgar desde una supuesta lucidez los excesos de todo
pensamiento que se atrevió a asumir la posición de ser
una fuerza transformadora de la realidad. Frente a ese
presunto exceso del pensar, cuyos traumas históricos aún
hoy nos habitan, preferimos el cómodo lugar de jueces
de la historia. Diseccionamos las contradicciones de las
revoluciones europeas y americanas de los siglos XVIII y
XIX, observamos con superioridad moral los fracasos de
la revolución china y soviética y somos reacias a las in-
surgencias latinoamericanas del siglo XX. Lo paradójico
de este ejercicio filosófico, que suspende nuestro propio

lugar en la historia —de ahí que no nos extrañe toda esa ansiedad por autopercibirnos como sujetos poshistóricos—, no hace más que repetir el gesto histórico de una arrogancia y una cobardía. Me refiero a la arrogancia de una época que percibe a todas las demás como un error fatal a corregir y cuya única alternativa se limitaría a señalar los desvíos y excesos del pasado; y a la cobardía de un pensamiento que, creyendo separarse de la historia, tiende a actuar en ella de manera inconsciente. ¿Qué significa, si no, la pretensión de juzgar las intervenciones del pasado como mecanismo compensatorio para no pensar lo que supone nuestro propio gesto de retirada del ámbito de la praxis? Confundimos nuestra impotencia con prestigio y sofisticación intelectual y nos limitamos a ser observadoras de un mundo que se desmorona ante nuestros ojos. Por eso, quizá una de las primeras cosas que cabría hacer es reorientar nuestra disposición hacia determinados planteamientos de los pensadores del pasado. Y esto supone reiterar un gesto muy moderno que, por momentos, pareciera haber caído en el olvido: preguntarnos por nuestra propia época y por lo que ella hace con las demás. Incluso podríamos preguntarnos hasta qué punto nuestra lucidez desencantada frente a la presunta ingenuidad y entusiasmo del pasado no habla más de nuestros tabúes que de los suyos. Hasta qué punto nuestra alergia hacia cualquier imaginación de futuro no retorna como algo reprimido, es decir, como la imposibilidad de hacernos cargo de la dimensión compulsiva de nuestro deseo de no repetición. Me pregunto si esa experiencia de la lucidez no encierra un sentimiento demasiado unilateral del mundo. ¿De dónde hemos sacado que la disposición hacia el desencanto nos vuelve más lúcidos? ¿Es más lúcida nuestra época que las anteriores al identificarse con el desencanto? ¿El entusiasmo no puede convertirse en una forma de la lucidez? O, mejor dicho, ¿la lucidez no tiene lugar justamente cuando somos capaces de sostener, en una tensión dialéctica, el desencanto y el entusiasmo al mismo tiempo? Por todo ello, quizá sea propicio volver, una vez más, a uno de los momentos más breves, pero no por eso menos intensos, de entusiasmo de la Modernidad. Me refiero al momento en que fue escrito el *Primer programa de un sistema del idealismo alemán*. Detenernos a pensar qué tiene para decirnos hoy ese entusiasmo lúcido y cuáles son las tensiones dialécticas, más allá de nuestra lucidez desencantada, que actúan allí como una latencia en nosotros. Es probable que en esos fragmentos inconclusos, imaginados de manera fraterna entre autores como Hegel, Hölderlin y Schelling, encontremos ciertas claves para desenterrar el futuro.

DEMÓCRATAS Y JACOBINOS

En *Hölderlin y la Revolución Francesa,* Pierre Bertaux se toma muy en serio las profundas raíces republicanas de Hegel y Hölderlin durante el período de redacción del *Programa*. Tanto es así que hace una reconstrucción muy precisa de los diferentes amigos que, durante esa época, llegaron a imaginar algo como una aurora republicana.[1] Según Bertaux, no suele insistirse en el papel que tuvieron las ideas republicanas en la apuesta esté-

---

1 Para un estudio más minucioso véase G. Lukács, *Goethe y su época*, Barcelona-México, Grijalbo, 1968, pp. 213-218; A. Beck, «Hölderlin als Republikaner», en *Hölderlin-Jarbuch* (1967/1968).

tica y filosófica de Hölderlin y Hegel, puesto que suelen
considerarse como ensoñaciones de juventud a las que
no deberíamos prestar demasiada atención. Pero, si seguimos a Lukács, cabría pensar que, de los tres autores
del *Programa,* Schelling sería el único que «se perdió al
final de un torpe oscurantismo propio de la reacción más
vil: el nuevo romanticismo del período preparatorio de la
Revolución del Cuarenta y Ocho».[2] Mientras que Hegel
y Hölderlin «no han sido infieles a su juramento juvenil. Pero la diversidad de sus interpretaciones respectivas
cuando se trató de cumplir con él indica claramente las
vías ideológicas que pudo y tuvo que emprender la pre-
paración de la revolución burguesa en Alemania».[3] Con
esta cita no rechazamos la idea de que tanto Hegel como
Hölderlin se vieron arrojados a la tarea de problematizar, una y otra vez, su noción de república a la luz de los
acontecimientos políticos de Europa y las derivas de la
Revolución Francesa, sino que evitamos hacer un corte
radical entre esos ideales republicanos (como supuestas
ensoñaciones de juventud) y lo que vino después. En esa
dirección, puede resultar interesante entender, como sugiere Bertaux, qué significaba considerarse jacobino en la
Alemania de aquel entonces. Es decir, qué connotaciones
tenía afirmar un pensamiento contrario a los viejos poderes de la reacción. Sorprende profundamente descubrir
el resabio negativo que adquiría esta palabra, muy cercano a lo que hoy podríamos pensar cuando se tilda a
alguien de populista. Incluso Bertaux nos recuerda que
esa expresión vino a conjugarse con otra más antigua

---

2 G. Luckács, *Goethe y su época, op. cit,* p. 214.
3 *Ibid.*

empleada en latín: demócrata, hasta el punto de ser usadas como sinónimos. De ahí que Fichte, cuando fue acusado de ateísmo en Jena, escribiera en su defensa «lo que mueve a mis enemigos, claro está, ese móvil es notorio. [...] Para ellos, yo soy un demócrata, un jacobino. Eso es lo que soy. De alguien así puede creerse, sin más prueba, todo tipo de atrocidades».[4] Ser considerado jacobino, por tanto, era una forma de insulto y objeto de denuncia. Tan arraigado estuvo este sentido peyorativo en el imaginario alemán que, como recuerda Bertaux, fue empleado por Jakob Wasserman en su libro *Mi camino de alemán a judío*[5] para explicar lo que significaba ser judío a principios del siglo xx en Alemania: «Desgraciadamente, y tal como están las cosas, el judío es hoy día un proscrito. Aun cuando no lo sea en un sentido jurídico, sí lo es en el sentir popular. [...] Los judíos son los jacobinos de la época».[6] ¿Y por qué el término jacobino era tan denostado en Alemania? O, mejor dicho, ¿contra qué se revelaba este significante al punto de ser completamente estigmatizado? En esa dirección, cabría señalar que más allá del término histórico-técnico de la expresión jacobino —es decir, los miembros de un club en tiempos de la Revolución Francesa— su acepción política indicaba un antagonismo entre los aristócratas y los patriotas. Es importante advertir que el uso dado aquí a la palabra «patriota» nada tenía que ver con el sentido reaccionario con el que hoy solemos identificar ese término. Acá la

4 Cita recogida de Bertaux en *Hölderlin y la Revolución Francesa*, Barcelona, Serbal, 1992, p. 149.
5 J. Wasserman, *Mi camino de alemán a judío*, Barcelona, Erasmus, 2011, p. 154.
6 *Ibid.*

expresión «patria» hacía alusión a lo que entendemos hoy en la jerga política como la distinción entre los de arriba y los de abajo. Y esta distinción era empleada para denunciar la forma en que los aristócratas habían internacionalizado el mundo mediante sus vínculos de sangre como ejercicio de dominación. Es decir, la aristocracia era una internacional sin patria. La patria, en cambio, hacía alusión a los hombres fraternos, es decir, los seres humanos cuyos vínculos internacionales se construían por fuera de la lógica filial de la dominación. Si la aristocracia había imaginado un mundo organizado mediante el dominio doméstico, desde el sentimiento de patria, en cambio, sería posible imaginar un mundo de seres humanos libres, unidos por el sentimiento fraterno de la libertad y la igualdad. No es casual que el poema de Hölderlin, «Muerte por la patria» *(Der Tod fürs Vaterland)*, escrito varios años después de su experiencia juvenil en Tubinga, resuene de otra manera a la luz de esta distinción que acabamos de mencionar:

> ¡Cuántas veces bajo el sol tuve sed
> de veros, héroes y poetas de otros tiempos!
> Ahora acoged como amigo al humilde extranjero
> y seremos unos de otros hermanos.[7]

Este fragmento del poema sería incomprensible desde la percepción actual de lo que significa para nosotros la expresión «morir por la patria». Si la patria hoy nos sugiere la idea de una sociedad obsesionada con proteger una

---

7 F. Hölderlin, *Poesía completa*, Barcelona, Ediciones 29, 1995, pp. 123-125.

identidad previamente constituida, el poema de Hölderlin, en cambio, trastoca todos los imaginarios vinculados a esa idea de comunidad, puesto que descubrimos una solidaridad fraterna *(brüderlich)* entre los tiempos y las nacionalidades. Todo lo cual pareciera resonar hoy en el uso que hacen ciertos líderes populares cuando se refieren a la unidad latinoamericana y caribeña en clave plurinacional-popular. Pero volvamos a Hölderlin, puesto que la patria apunta a una complicidad muy antigua con los «héroes y poetas de otros tiempos» *(Irh Helden und ihr Dichter aus alter Zeit)*. Y, por otro, es capaz de acoger y saludar *(grüßen)* amistosamente *(freundlich)*, mas no expulsar, al «humilde extranjero» *(geringen Fremdling)*. Algo similar se puede apreciar en la correspondencia entre Hegel y Schelling cuando, en abril de 1795, Hegel escribe:

> Religión y política han obrado en común acuerdo; aquella ha enseñado lo que quería el despotismo: el desprecio del género humano y su incapacidad para nada bueno, de ser algo por sí mismo. Con la difusión de las ideas sobre cómo deben ser las cosas desaparecerá la indolencia con que la gente pasiva lo toma siempre todo como es. Esta fuerza vivificadora de las ideas —incluso cuando siguen siendo limitadas como las de patria, constitución, etc.— levantará los ánimos y estos llegarán a sacrificarse por ellas, mientras que actualmente el espíritu de las constituciones ha contraído una alianza con el egoísmo individual y en él basa su imperio.[8]

---

8 G.W.F. Hegel, *Escritos de Juventud*, México, FCE 2003, p. 61.

Acá Hegel denuncia la complicidad entre la religión (catolicismo) y la política (aristocracia) en la creación de un despotismo que, por un lado, mantiene su poder gracias al sentimiento de autodesprecio del género humano y, por otro, sienta las bases de la resignación y la pasividad colectiva. Frente a eso, Hegel encuentra en las ideas de patria y constitución, junto con la de igualdad de los espíritus, la posibilidad de que «la humanidad se presente como tan digna de respeto en sí misma», ya que eso es «una prueba de que desaparece el nimbo de las cabezas de los opresores y dioses de esta tierra». De manera que si «los filósofos demuestran esa dignidad, los pueblos llegarán a sentirla y, en vez de exigir sus derechos pisoteados, se los volverán a tomar por sí mismos».[9] A partir de las citas de Hölderlin y Hegel, entonces, es posible plantear que la palabra patria funcionaba como un ejercicio de imaginación política que apuntaba más a la apertura de los tiempos desde un lenguaje republicano que a la lógica defensiva de una identidad a conservar. Algo a lo que el mismo Hegel apunta en sus *Fragmentos republicanos* cuando nos dice que la virtud pública de la multitud «yace tirada bajo la opresión» y «necesita de otros sostenes, otros consuelos para resarcirse de una miseria que no puede disminuir». Y es por eso que «la certidumbre interior de la fe en Dios y en la inmortalidad tiene que sustituirse por seguridades externas, por la fe en personas que lograron crear la opinión de que entienden más en estos asuntos». Y Hegel continúa con una reflexión demoledora, a saber: hasta qué punto la existencia de la aristocracia, entendida como un poder individual, es decir, un poder privado que despo-

9 *Ibid.*, p. 61.

ja al *ethos* de un pueblo la posibilidad de hacer su propia experiencia colectiva, ha sido posible gracias al paciente trabajo del catolicismo. Es decir, un trabajo centrado en la corrupción del género humano, haciéndole sentir a cada hombre que su única propiedad era el pecado y su repulsión, mientras que la belleza, la virtud y la dignidad eran cosa de un individuo ajeno a uno mismo. ¿Cómo iba a revelarse un pueblo contra los atropellos del poder privado de unos pocos individuos si al mirarse a sí mismo no encontraba más que autodesprecio y falta de autoestima?[10] Así, a la figura de la dominación, Hegel contrapone la imagen del «republicano libre, que empleaba sus fuerzas en pro de su patria, que dedicaba a ella su vida, en el sentido del espíritu de su pueblo»[11] y en la que «sus fuerzas más nobles sin excepción encuentran su satisfacción en el verdadero trabajo» y no en un despotismo monárquico basado en la «mera afirmación de irracionales artículos de fe y acciones inhumanas valiéndose de la razón y el derecho».[12] A fin de cuentas, Hegel no hace aquí otra cosa más que invitarnos a pensar algo que luego será su gran

---

10 Véase *ibid.*, p. 40: «Por esto ahora, cuando después de siglos la humanidad vuelve a ser capaz de [regirse por] ideas, desaparece el interés por lo individual. Aunque se mantenga la experiencia de la corrupción humana, la doctrina sobre la corrupción del hombre pierde su fuerza. Aquello que antes convirtió al individuo en individuo interesante se revela, paso a paso, como idea en toda su belleza; pensada por nosotros, se convierte en nuestra propiedad. Lo bello de la naturaleza humana, lo que nosotros mismos colocábamos en el individuo ajeno [Dios o el Monarca], reteniendo de ello como propio todo lo repulsivo de lo que esta naturaleza es capaz, lo reconocemos ahora con la alegría como obra de nosotros mismos; nos lo apropiamos y aprendemos a sentir respeto ante nosotros mismos. Antes considerábamos como propio solo aquello que podía ser únicamente objeto de desdén».

11 *Ibid.*, p. 39.

12 *Ibid.*, p. 43.

obsesión en la *Fenomenología del espíritu:* ¿para quién trabajamos la cosa y cómo vamos a considerar esa cosa trabajada? La disyuntiva que se deja leer en sus textos de juventud es clara: o cedemos a la fantasía de creer que la cosa es propiedad de un individuo y la trabajamos de manera servil y privada o volvemos a imaginar un trabajo público y colectivo de la cosa, es decir, un trabajo republicano. Pero volvamos al escrito objeto de nuestra reflexión, es decir, al *Programa,* teniendo presente todo este entramado republicano que acabamos de construir.

IMAGINAR LA SENSIBILIDAD REPUBLICANA

Es de sobra conocido que Hegel y Hölderlin fueron compañeros en Tubinga entre los años 1789 y 1793, en plena efervescencia de la Revolución Francesa. Allí consolidaron una amistad inspirada en una reactualización y, por tanto, reinvención de los valores republicanos. También es sabido que tras dejar el Stift de Tubinga mantuvieron una intensa correspondencia que dio lugar a un texto conjunto como el *Programa.* Resulta curioso que este texto, escrito entre los años 1796 y 1797, al calor de la Revolución Francesa, no fuera descubierto sino hasta los albores de la Revolución Rusa en el año 1917. La astucia de la razón pareciera haberle dado una vida enigmática a este texto, marcado por dos de las revoluciones más importantes de la humanidad y por un enredo autoral que obligó al ejercicio de la imaginación colectiva.[13] Se trata, por

13   El texto fue descubierto por Franz Rosenzweig dentro de un conjunto de papeles que habían pertenecido a Hegel. Para más información sobre la autoría y destino de esta publicación véase la nota que acompaña al *Progra-*

tanto, de un manuscrito bastardo de dudosa procedencia, pero encarnado para siempre en los nombres de Schelling, Hölderlin y Hegel. En ese sentido, no me interesa trabajar aquí desde una pulsión de fidelidad, como si se tratara de una labor detectivesca de saber quién sería el verdadero autor o quién reflejaría mejor las ideas que allí se exponen. Por el contrario, me interesa abordar el *Programa* como el enredo histórico que resulta de la entusiasta amistad de estos tres autores. Porque, como decía Hegel a Schelling en una carta escrita en enero de 1795: «estoy convencido de que solo con un constante revolver y sacudir por todos los lados podemos esperar conseguir al fin algo serio [...]. Algo siempre se consigue, y toda contribución de este tipo tiene su mérito, incluso si no encierra nada nuevo, además de que la comunicación y el trabajo en común renuevan y fortalecen».[14] No olvidemos que para estos autores el presente se ofrecía como una apertura que resultaba de la tensión entre las imágenes republicanas del pasado y la novedad que suponía la filosofía kantiana y la Revolución Francesa. Muchos intérpretes han pensado que todo esto se vivía de manera compartimentada, como si fuera posible diseccionar la vocación de retorno de la imaginación de futuro. Así, suele decirse que Hegel primero fue aficionado a los modelos de la Grecia antigua, luego se dedicó a la vida de Jesús, mezclada con los imaginarios sobre Sócrates, hasta llegar a la moralidad kantiana como último refugio

---

ma en el primer volumen de *Frühe Schriften,* de las obras de Hegel *(Werke in zwanzig Bänden,* Frankfurt, Suhrkamp, 1972). Una de las hipótesis más plausibles es que si bien el texto descubierto fue escrito por Hegel, pareciera ser la copia de un texto previo redactado por Schelling bajo la influencia directa de Hölderlin.

14   G.W.F. Hegel, *Escritos de Juventud, op. cit,* p. 54.

de modelo a seguir. Todo esto lo habría conducido a sacudirse de cada uno de los entusiasmos repentinos y asumir con amarga lucidez que su época ya pedía otra cosa. ¿Y si en vez de estudiar cada cosa como algo sucesivo, lo vemos como simultáneo?[15] Es decir, por qué no pensar que esa apertura epocal, entendida como una tensión en la que los tiempos no dejaban de «revolverse y sacudirse», hacía del deseo de repetir el pasado un gesto de futurabilidad. ¿No sería acaso la reactivación de esas latencias del pasado lo que hacía de la filosofía kantiana y la Revolución Francesa un entusiasmo proyectado hacia el futuro?

Ahora bien, se ha escrito mucho sobre el peligroso entusiasmo que se expresa en el *Programa,* incluso se ha llegado a decir que allí se encontraría el caldo de ideas de los fascismos del siglo xx. Y las sospechas asociadas a este entusiasmo descansan, entre otras cosas, en esa triangulación entre la sensibilidad, la mitología y la filosofía. Es decir, en esa forma de la religiosidad que parece tramarse entre esos tres términos. Y la pregunta que podemos hacernos es por qué nos produce tanto rechazo esa pulsión hacia la religiosidad y por qué olvidamos cuán vinculada estaba a la imaginación política republicana. En ese sentido, Hölderlin llega a decirle a Hegel, en una carta escrita el 10 de julio de 1794, «Estoy seguro de que te has acordado a veces de mí, desde que nos separamos con la consigna "Reino de Dios". Por muchas metamorfosis que pasemos, creo que siempre nos reconoceremos en este lema. Estoy seguro de que, de cualquier manera que te vaya, el tiempo nunca podrá borrar en ti ese rasgo. También conmigo creo que pasará lo mismo. Y es que ese rasgo es lo que

15 Paráfrasis del poema de Lezama Lima.

más amamos el uno en el otro. Por eso estamos seguros de que nuestra amistad durará eternamente».[16] Y esta misma expresión, Reino de Dios, es usada por Hegel, seis meses después, cuando se dirige a Schelling en una carta escrita en enero de 1795: «¡Que venga el Reino de Dios y no estrechemos mano sobre mano! [...] Razón y libertad sigan siendo la consigna, y nuestro punto de unión de la Iglesia invisible».[17] Así, frente a la forma de religiosidad de un cristianismo cómplice con el despotismo, Hegel y Hölderlin son conscientes de que sin una nueva experiencia de la religiosidad no es posible transformar el *ethos* de una época. Y pensar la religión no significaba para ellos otra cosa que volver a ligar *(religare)* el mundo de otra manera. Por eso, contrario a la ligazón despótica, caracterizada como una alianza entre la Iglesia católica y el poder de la monarquía, la filosofía y la poesía debían ser capaces de unir sus fuerzas para imaginar una «invisible iglesia militante».[18] Y esta iglesia, con sus profetas (Heráclito, Spinoza y Rousseau) y su mesías (Kant) apuntaba a la posibilidad de unir un mundo desde las consignas de la igualdad, la libertad y la fraternidad del género humano. Esto explica mejor por qué Hölderlin, el 26 de enero de 1795, decide escribir desde Jena a Hegel lo siguiente: «estoy dándole vueltas hace tiempo al ideal de una educación del pueblo. Y como tú te ocupas precisamente de una parte de ella, la religión, tal vez eligiendo tu imagen y tu amistad como guía de mis ideas acerca del mundo exterior sensible, pueda escribirte enseguida por carta lo que acaso tardaría más en escribir

16   G.W.F. Hegel, *Escritos de Juventud, op. cit*, p. 49.
17   *Ibid.*, p. 56.
18   9 de noviembre de 1798. stA, VI, p. 184 s. Citado por Bertaux en *Hölderlin y la Revolución Francesa, op. cit.*, p. 71.

para mí».[19] Así, el Reino de Dios en el que Hegel y Hölderlin se reconocerán por siempre opera como una forma de militancia, cuya aspiración es la unión del mundo mediante una internacional que se sabe en conexión con lo popular desde los derechos y no desde el dominio y el despojo. O, como le dice Hegel a Schelling, a propósito de la filosofía de Fichte, el 6 de abril de 1795 desde Berna:

> Va a dar vértigo esta suprema cumbre de toda la filosofía, que eleva de tal forma al hombre. Pero ¿por qué se ha tardado tanto en revalorar la dignidad humana, en reconocer su capacidad de libertad, que le sitúa en un orden de igualdad con todos los espíritus? En mi opinión, no hay mejor signo de nuestro tiempo que este de que la humanidad se presente como tan digna de respeto en sí misma.[20]

MITOLOGÍA POPULAR: EL CRUCE ENTRE LA ESTÉTICA Y LA POLÍTICA

Teniendo en cuenta toda esta correspondencia entre Hölderlin, Schelling y Hegel es posible acercarnos al *Programa* en clave republicana, puesto que cuando allí se afirma que «al mismo tiempo escuchamos frecuentemente que la masa [de los hombres] tiene que tener una religión sensible. No solo la masa, también el filósofo la necesita. Monoteísmo de la razón y del corazón, politeísmo de la imaginación y del arte: ¡esto es lo que necesitamos!»,[21] se nos dice que si los filósofos desean conectarse con lo

19 G.W.F. Hegel, *Escritos de Juventud, op. cit*, p. 58.
20 *Ibid.*, p. 61.
21 *Ibid.*, p. 220.

popular es necesario construir un vínculo sensible con el pueblo. De manera que el filósofo sensible se opondría a «los hombres sin sentido estético» que «son nuestros filósofos ortodoxos», quienes «no comprenden [nada de las] ideas y que son lo suficientemente sinceros para confesar que todo les es oscuro, una vez que se deja la esfera de los gráficos y de los registros»;[22] por eso «no se puede ser ingenioso, incluso es imposible razonar ingeniosamente sobre la historia sin sentido estético».[23] Es muy revelador que este texto contraponga la figura del filósofo sensible a la del filósofo burocrático, un filósofo gris y distante que no lograría conectar con los afectos populares. Ahora bien, los jóvenes filósofos también sostienen que «tenemos que tener una nueva mitología, pero esta mitología tiene que estar al servicio de las ideas, tiene que transformarse en una mitología de la razón».[24] Aquí se establecen dos tipos de exigencias diferentes, ya que junto con la necesidad de elaborar una «nueva mitología» está la exigencia de que esta se vincule con la razón. No obstante, no se sugiere la idea de una razón abstracta capaz de convencernos de la fe en su progreso, sino que se está tratando de ver cómo hacer para conectar al pueblo con la razón. Y esa conexión no se lograría con los argumentos de la misma razón, puesto que «mientras no transformemos las ideas en ideas estéticas, es decir, en ideas mitológicas, carecerán de interés para el pueblo y, a la vez, mientras la mitología no sea racional, la filosofía tiene que avergonzarse de ella».[25] Esto es, la mitología nos

22 *Ibid.*
23 *Ibid.*
24 *Ibid.*
25 *Ibid.*

ayudaría a suscitar el interés del pueblo y este interés tendría que estar dirigido al uso de la razón. Podría pensarse que el mito funcionaría como una primera instancia para conectar al pueblo con la razón, una especie de estrategia pedagógica para ilustrar al pueblo. Pero si avanzamos un poco más en el texto descubrimos que «la mitología tiene que convertirse en filosófica y el pueblo tiene que volverse racional, y la filosofía tiene que ser filosofía mitológica para transformar a los filósofos en filósofos sensibles».[26] Con esta última cita observamos que no se trataría de un movimiento unilateral que iría del filósofo al pueblo, puesto que también el movimiento contrario se vuelve imprescindible: de lo popular a lo filosófico. La mitología habría cumplido su cometido solo si logra contaminar las instancias populares con las ilustradas, puesto que «así, por fin, los [hombres] ilustrados y no ilustrados tienen que darse la mano».[27] Es decir, algo del orden de lo popular tiene que habitar en la forma de la ilustración y, al revés, lo popular tiene que dejarse contaminar por la ilustración. De ahí que el texto exprese que tanto la masa como el filósofo necesitan una *religión sensible* («monoteísmo de la razón y del corazón, politeísmo de la imaginación y del arte»). La razón ilustrada sería poco más que una forma vacía y muerta sin su capacidad para devenir popular. Más aún: «mientras no transformemos las ideas en ideas estéticas, es decir, en ideas mitológicas [...] la filosofía tiene que avergonzarse de ella».[28]

De manera que todos estos temores y cautelas mencionados más arriba sobre el entusiasmo hacia una nueva

26 *Ibid.*
27 *Ibid.*
28 *Ibid.*

religiosidad nos hacen perder de vista una exigencia para la filosofía, una especie de llamada venida de otro tiempo: insistir en el deseo de hablar la lengua del pueblo. Podríamos decir que este es el llamado que, más de cien años después, supieron escuchar en la época de emergencia del fascismo autores como Gramsci, en el sur de Europa, y Mariátegui, en América Latina. Y supieron traducir esta exigencia como un problema estético en cuyo corazón latía la necesidad de repensar lo que se pone en juego con los mitos. Es muy probable que esta influencia haya venido dada por la lectura compartida de Sorel, uno de los intelectuales más comprometidos con la tarea de volver a introducir la importancia del mito en la política como un móvil para la acción, puesto que «hay que juzgar a los mitos como medios de actuar sobre el presente: toda discusión acerca de cómo aplicarlos materialmente al transcurso de la historia carece de sentido».[29] La importancia del mito no descansaría tanto en una aplicabilidad concreta como en su capacidad para entusiasmar y orientarnos en la acción. Por lo general, suele pensarse que la apelación a las mitologías funciona como una exacerbación y reforzamiento de algunos rasgos de una identidad colectiva. Algo que podría incluso encontrarse en el tratamiento que hace Sorel del mito, dado que este apela a la configuración de una voluntad colectiva mediante el reforzamiento de una identidad previamente dada. Gramsci y Mariátegui, en cambio, se apartan de esta lógica identitaria promovida por Sorel. En el caso de Gramsci, nos viene a decir que el mito no es ni la forma de una fría utopía ni una doctrina aplastante, sino una «fantasía concreta» dispuesta

---

29   G. Sorel, *Reflexiones sobre la violencia*, Madrid, Alianza, 2005, p.180.

para constituir una «voluntad colectiva» dispersa. Esta es la razón por la que Gramsci acusará a Sorel de imponer una mitología abstracta frente a su búsqueda de una mitología concreta. Esta diferencia entre Sorel y Gramsci la ve claramente Laclau en su texto *La articulación y los límites de la metáfora*. Aquí dice que los tropos —haciendo alusión a la metáfora y la metonimia— lejos de ser adornos del lenguaje, forman parte del proceso mismo de significación social. Por eso afirma que la lógica política instituye lo social mediante este mismo juego tropológico de desplazamientos y sustituciones de lo irrepresentable. Las mitologías gramscianas, cuya figura más importante es la hegemonía, atienden a dos cosas: por un lado, a la construcción de una narrativa común y, por otro, a la configuración de un deseo colectivo, puesto que «son un conjunto de imágenes capaces de galvanizar la imaginación y proyectarla hacia la acción política».[30]

Mariátegui también pondrá el acento en el papel de la fantasía, pero lo hará extensivo a la falsa dicotomía entre ficción y realidad: «la experiencia realista no nos ha servido sino para demostrarnos que solo podemos encontrar la realidad por los caminos de la fantasía». Pero esto no supone renunciar al materialismo, al esfuerzo por trabajar la materia de lo real, puesto que «la ficción no es libre. Más que descubrirnos lo maravilloso, parece destinada a revelarnos lo real. La fantasía, cuando no nos acerca a la realidad, nos sirve bien poco. [...] La fantasía no tiene valor sino cuando crea algo real. Esta es su limitación. Este es su drama». Mariátegui parece discutir aquí con cierto

30   E. Laclau, «La articulación y los límites de la metáfora», *Studia Politicae* 20, 2010, p. 32.

positivismo marxista que hace de la revolución una tarea de desenmascaramiento de la realidad, esto es, como si las ficciones de la burguesía no nos permitieran comprender cómo funciona realmente el mundo. Para Mariátegui esto sería desviar el problema: «la raíz de su mal no hay que buscarla en su exceso de ficciones, sino en la falta de una gran ficción que pueda ser su mito y su estrella». Y esa gran ficción que hace posible trabajar la materialidad del mundo no sería otra que el mito:

> falta que es su expresión de su quiebra material. La experiencia racionalista ha tenido esta paradójica eficacia de conducir a la humanidad a la desconsolada convicción de que la Razón no puede darle ningún camino. El racionalismo no ha servido sino para desacreditar a la Razón. […] La Razón ha extirpado del alma de la civilización burguesa los residuos de sus antiguos mitos. El hombre occidental ha colocado, durante algún tiempo, en el retablo de los dioses muertos, a la Razón y a la Ciencia. Pero ni la Razón ni la Ciencia pueden satisfacer toda la necesidad del infinito que hay en el hombre. La propia Razón se ha encargado de demostrar a los hombres que ella no les basta. Que únicamente el Mito posee la preciosa virtud de llenar su yo profundo.[31]

El mito, por tanto, no solo pondría en movimiento una fantasía concreta, sino que sería esa red invisible que configura nuestras formas de percepción y orienta nuestra conducta hacia una dirección determinada. El mito sería

---

31   J.C. Mariátegui, *La emoción de nuestro tiempo: dos concepciones de la vida, op. cit.*, pp. 13-14.

la forma en que podríamos orientar el trabajo con nuestra propia falta, con nuestro propio vacío constitutivo. Pero podríamos decir que el mito tendría otra función, que sería la de posibilitar una forma de representación que vinculase a los dirigentes y los dirigidos, a los intelectuales y al pueblo mediante «una adhesión orgánica en la cual el sentimiento-pasión deviene comprensión y, por lo tanto, saber (no mecánicamente, sino de manera viviente)» y solamente así «la relación es de representación y se produce el intercambio de elementos individuales entre gobernantes y gobernados, entre dirigentes y dirigidos; solo entonces se realiza la vida de conjunto, la única que es fuerza social. Se crea el "bloque histórico"».[32] La adhesión orgánica no expresa la imagen caricaturesca de una cohesión homogénea y vertical, sino la capacidad de una organización viviente de las fuerzas colectivas. La mitología permite organizar el elemento vivo de una cultura en una voluntad colectiva, dar una forma concreta a las pasiones a través de una imagen: una imagen-viviente que moviliza a la acción en medio de un mundo que se cae a pedazos y se des-une gracias a la ficción demagógica de «argumentos eternamente viejos y eternamente nuevos».[33] La actual des-unión del mundo, expresada por la emergencia de una pseudorreligiosidad neoliberal, impregnada de pastiche *new age,* ancestralidad orientalista y una paradójica concepción autodestructiva de la libertad, plantea al campo intelectual la necesidad de reactualizar ese inaudito entusiasmo de la invisible iglesia militante. La fuerza imaginativa de ese experimento estético-republi-

---

32 A. Gramsci, *El materialismo histórico y la filosofía de Benedetto Croce,* Buenos Aires, Nueva Visión, 1971, p. 124.
33 G.W.F. Hegel, *Escritos de Juventud, op. cit,* p. 43.

cano, pensado en un momento fugaz de nuestra historia, fue capaz, por un lado, de atar filosofía y poesía a una lengua popular y, por otro, de disputar a los viejos poderes de la oligarquía mundial el sentido de nuestro futuro. Quizá, en nuestra actualidad, esa secreta iglesia militante encuentre su oportunidad histórica al ligar las consignas del feminismo con las del republicanismo y el campo popular para que, en tanto mito y estrella, nos oriente con su nuevo entusiasmo hacia una reinvención fraterna de la humanidad.

¿Es el feminismo una forma inaudita de humanismo?

Un malentendido

Desde que Heidegger escribiera su famosa *Carta sobre el humanismo*,[1] en la década de 1940, el discurso humanista se ha vuelto algo sospechoso y ha despertado una serie de reacciones contrarias que aún hoy siguen determinando el tono de los debates filosóficos. Por citar uno de los ejemplos más resonados, encontramos una serie de reflexiones de Michel Foucault en su texto *¿Qué es la Ilustración?*[2] Foucault recomendaba romper la histórica identificación del humanismo con la Ilustración, liberar a esta última de aquel y abandonar definitivamente cualquier tipo de chantaje humanista dentro de la filosofía. Su principal argumento apuntaba a que el humanismo se había convertido en el lugar de enunciación de una cultura dominante que habría configurado un tipo instrumental de relaciones de poder. Transcurrido más de medio siglo de esta actitud antihumanista, y tras renunciar al uso del término, pareciera que la filosofía le ha cedido el control y la definición del concepto a las fuerzas de la reacción —entregando el dis-

[1] M. Heidegger, *Carta sobre el humanismo*, Madrid, Alianza, 2004.
[2] M. Foucault, «¿Qué es la Ilustración?», en *Estética, ética y hermenéutica*, Barcelona, Paidós, 1999.

curso del humanismo a los poderes que buscaba criticar—, a la vez que no ha conseguido elaborar otro discurso capaz de disputar su capacidad de interpelación.

Pero así como constatamos esta cierta derrota a nivel teórico, también comprobamos que el término humanismo no ha dejado de estar presente en las luchas populares por la transformación social. Si prestamos atención a ciertas apropiaciones plebeyas del derecho, como puede ser el discurso de los derechos humanos contra los crímenes de lesa humanidad o de los feminicidios en América Latina, descubrimos la necesidad de revisar la afirmación del humanismo como un mero instrumento al servicio del poder hegemónico y pensar su alcance político en el ámbito de la praxis. Incluso una relectura atenta a la carta escrita por Heidegger nos permite corroborar cierta oscilación alrededor del tema del humanismo, puesto que así como anuncia la necesidad de pronunciarse «contra el humanismo», también Heidegger llega a decir que «pensar la verdad del ser significa[ría] también pensar la *humanitas* del *homo humanus*». A pesar de esta especie de ambigüedad que me atrevo a señalar en el texto de Heidegger, y que podría apuntar tanto a un deseo de abandonar el término como a redefinirlo, lo cierto es que se ha tendido a pensar el problema de manera unilateral, obturando todo lo que había en juego con ese gesto. Al punto de que este cortocircuito entre la filosofía y el humanismo ha llegado a plantearse como un distanciamiento de la filosofía respecto de ciertos usos políticos y plebeyos de la lengua. Al menos esto es lo que deja caer Giorgio Agamben en su libro de ensayos *El fuego y el relato,*[3] cuando insinúa que

3   G. Agamben, *El fuego y el relato*, Madrid, Sexto Piso, 2016.

una verdadera reactivación de la filosofía solamente podría tener lugar como ejercicio poético capaz de salvar a la
lengua de su propio pueblo. ¿Debería reducirse la tarea de
la filosofía a hablar en el nombre de una lengua sin pueblo
o todavía es posible reactualizar aquella pulsión del romanticismo (y no su mera compulsión a la repetición) que
hacía del pensamiento poético un vehículo de lo popular?
Aun si asumimos la certeza epocal de que el pueblo, en
cuanto sustancia originaria y verdad última de la política,
no existe. Por eso me pregunto: ¿qué sucede si decidimos
acompañar el uso plebeyo que se le sigue dando al humanismo y nos atrevemos a llevar su significación a un lugar
más extremo —como el texto del mismo Heidegger parecía sugerir—, siendo posible distinguir un «humanismo
metafísico» atrapado en el olvido de la pregunta por el
ser, de otro, quizá, más radical en el que la actividad de un
pensar genuino coincidiese con la pregunta por la humanidad que nos hace humanos? Quizá, frente a la manida
figura de la *humanitas* como relación de poder sobre las
cosas y los hombres, cabría hablar de un uso profano del
humanismo, es decir, una apelación a la dignidad de lo
humano capaz de expropiar el término de su empleo res-
tringido e imaginar, por otra parte, a esa *humanitas* desde
una construcción novedosa y plebeya.

Si el humanismo metafísico que denunciaba Heidegger se arraigaba en la imposibilidad que experimentaba
para salir de sus dominios, en su pretensión de reducir
al hombre a un ente positivado en su totalidad, quizá el
gesto de una *humanitas* profanada, una *humanitas* que
excede y destruye los confines teológicos del humanismo
dominante, sea la forma en la que un pueblo enseña a
sus filósofos a salvar una lengua. Y ahí es cuando lanzo

otra pregunta: ¿no se encuentra en la filosofía feminista
la fuerza que necesitamos para descifrar las claves de una
nueva *humanitas popular*? Lamentablemente, la desconexión cultivada a lo largo de estos años entre la filosofía
y el humanismo hace dificultoso nuestro intento por volver a pensar el concepto, por indagar lo que hay en juego
en esa figura de la *humanitas*. Pero esta desconexión revela algo más y tiene que ver con las dificultades de cierta
filosofía para vincularse con lo popular. Asumir la «ausencia del pueblo» como un signo de nuestros tiempos
no tiene por qué confundirse con su abandono. A pesar
de que cierta filosofía europea se encuentra ante la tarea
de salvar a la lengua de su propio pueblo, no deberíamos
olvidarnos del reverso dialéctico de esta búsqueda: hallar
en las ruinas del significante «pueblo» aquello que se resiste a desaparecer. Por eso, el intento de situarnos en el
interior de este reverso dialéctico y la insistencia en no
renunciar al viejo vínculo construido entre la filosofía y
lo popular nos llevan a la reconfiguración del problema
del humanismo mediante otras claves de lectura.

Otra vuelta de tuerca

Años antes de que Heidegger estableciera ese corte entre
la filosofía y el humanismo, en Italia parecía cultivarse
una atmósfera intelectual dispuesta a recoger el problema de otra manera. Entre esos intelectuales resaltaban
las figuras de Ernesto de Martino y Antonio Gramsci.
Ambos coincidían en que no se trataba tanto de explicitar en qué medida la tradición del pensamiento occidental había obturado esta cuestión como de preguntarse

si acaso desde lo popular podría delimitarse el terreno para pensar un humanismo alternativo. Gramsci, a través del concepto «humanismo absoluto»[4] y de Martino, mediante un «humanismo etnográfico»,[5] coincidían en la necesidad de pensar la condición humana como un proceso histórico, es decir, como una forma de la praxis que partía de la contingencia y la inmanencia que nos hace humanos. Se trataba, podríamos añadir, de proponer un humanismo «sin garantías» de lo humano; y arrojado a su uso político en el ámbito de la praxis. Así, esta forma de pensar el humanismo no suponía un consuelo metafísico, esto es, la idea de que hay una esencia humana que garantiza y justifica las formas sociales que nos damos a nosotros mismos. Por el contrario, este humanismo del que hablaban Gramsci y de Martino nos permite hoy comprender dos cosas sumamente delicadas. Por un lado, las distintas derivas de lo humano que la misma praxis es capaz de configurar y, por otro, la necesidad de revisar las crisis de lo humano, que hace peligrar nuestra condición actual y funciona como estrategia de poder del capitalismo contemporáneo.

Ahora bien, es probable que este punto de encuentro entre ambos pensadores venga dado por la influencia de la filosofía de Benedetto Croce, o por el acercamiento temprano al Partido Comunista que cobraba fuerza en el sur de Italia, pero lo cierto es que ambos partieron de este humanismo de la praxis con el objeto de encontrar las herramientas para pensar la cultura popular de una Italia

---

4 A. Gramsci, *El materialismo histórico y la filosofía de Benedetto Croce*, Buenos Aires, Nueva visión, 1971, p. 113.
5 E. de Martino, *La fine del mondo. Contributo all'analisi delle apocalissi culturali*, Turín, Einaudi, 2002, p. 393.

periférica y meridional. Mientras Gramsci se vio forzado a desarrollar los aspectos más potentes de su pensamiento en la cárcel, de Martino tuvo la posibilidad de experimentar una forma original de pensamiento etnográfico. A través de las técnicas del documental y de un esfuerzo por articular diferentes disciplinas del pensamiento, tales como la historia, la psicología, la antropología y la musicología, de Martino asumió la tarea de recoger una serie de supervivencias populares que ayudarían a comprender el funcionamiento de diferentes disposiciones históricas fijadas en la forma de arcaísmos. Si bien es verdad que las indagaciones de Gramsci sobre la cultura popular nos resultan mucho más familiares, también es pertinente ponerlas en relación con los trabajos ofrecidos por de Martino, ya que esto nos permite reconstruir cierta apuesta humanista eclipsada por el legado del discurso heideggeriano.

En *Observaciones sobre el folclore*, Gramsci dice que en el folclore conviven de manera confusa fuerzas contradictorias, tanto reactivas como emancipadoras, y que es tarea de la filosofía ayudar a distinguir unas de otras. De esta manera, más que condenar ciertos hábitos y prácticas reactivas de las culturas populares, se trataría de construir «nuevas creencias populares, de un sentido común y, por consiguiente, de una nueva cultura y una nueva filosofía que arraiguen en la conciencia popular con la misma solidez e imperatividad que las creencias tradicionales».[6] Y es con esta actitud que Gramsci asume la tarea de la filosofía como un trabajo de inmersión en los diferentes tipos de

6 A. Gramsci, *El materialismo histórico y la filosofía de Benedetto Croce*, *op. cit.*, p. 129.

contradicciones populares, las cuales, añade, «asumen la forma de un sistema disgregado, caótico y acrítico». A la vez que trata de «distinguir diferentes estratos: aquellos fosilizados que reflejan condiciones de vida pasada y, por tanto, conservadores y reaccionarios» de aquellos «que son una serie de innovaciones, a menudo creativas y progresivas, determinadas espontáneamente por formas y condiciones de vida en proceso de desarrollo y que están en contradicción, o bien se diferencian, con la moral de los estratos dirigentes».[7] Resulta bien sugerente la metáfora de los estratos geológicos para pensar las contradicciones de la cultura popular. Estaríamos, por tanto, ante estratos fosilizados de carácter conservador y reaccionario —elementos muertos que solo persisten en su obstinación inmunitaria—, pero también ante estratos orgánicos. Estos últimos se caracterizarían por su disposición creativa y progresiva, capaz de entrar en conflicto con los primeros y, también, con los estratos fosilizados de la cultura dominante. Por tanto, la cuestión para Gramsci no consistía en introducir, desde fuera y como un programa externo a la sensibilidad popular, un nuevo sentido común, progresivo y emancipador, sino, más bien, descubrir en la misma cultura popular esas disposiciones progresivas que ya habitaban en su interior y que nos permitirían organizar una filosofía arraigada en la conciencia popular. Y probablemente aquí se encuentren las claves para entender el *leitmotiv* que articula toda la escena de este libro: cómo repensar los vínculos entre el feminismo y el campo popular. Esto es, si el feminismo se debe asumir como una fuerza autónoma, desarraigada de los sedimentos populares

---

7 *Id., Cuadernos de la cárcel*, tomo 6, México, Era, 2000, pp. 204-206.

o si, por el contrario, es capaz de descubrirse a sí mismo emergiendo de esos mismos sustratos.

En un registro muy similar al de Gramsci, de Martino dice que «en la fase del ingreso en la historia del mundo popular subalterno, etnología y folclore contribuyen a dicho ingreso, identificando los elementos arcaicos, sin retorno posible, y los elementos progresivos, que aluden al futuro». De manera que «la acción práctico-política pueda beneficiarse de estos conocimientos para combatir los primeros y favorecer los segundos, o por lo menos dar un significado nuevo, progresivo, a los elementos arcaicos».[8] Si Gramsci se esfuerza por mostrarnos que en la cultura popular conviven tanto fuerzas conservadoras y reaccionarias como creativas y progresivas, de Martino se referirá a esta tensión en los términos de unos arcaísmos sin retorno de otros que, al ser resignificados, pueden llegar a tener la fuerza de abrir futuro. Ambas actitudes expresan un distanciamiento claro de las lecturas romántico-conservadoras que tratan al pueblo como una exterioridad, es decir, como una imagen estática para consumo de la «alta cultura». Aquí, por el contrario, el folclore deja de ser visto como un conjunto de aspectos pintorescos y anecdóticos de un pueblo para convertirse en la forma viviente de una cultura contradictoria. Al transformar el «punto de vista» sobre la cultura popular, ambos autores se adentran en las lógicas internas que constituyen las formas del folclore. No obstante, habría una sutil diferencia entre cada uno de ellos. Según Gramsci, «conocer

8   E. de Martino, «Intorno a una storia del mondo popolare subalterno», pp. 69-70, citado por C. Feixa, «Más allá del Éboli: Gramsci, de Martino y el debate sobre la cultura subalterna en Italia», en *Folclore progresivo y otros ensayos*, Barcelona, MACBA, 2008, p. 31.

el folclore significa [...] conocer qué otras concepciones del mundo y de la vida operan de hecho en la formación intelectual y moral de las generaciones más jóvenes para extirparlas y sustituirlas por concepciones que se consideran superiores».[9] La cultura popular del pasado aparece como algo que tiene que ser superado con ayuda de los intelectuales, dado que el folclore estaría compuesto por una «concepción del mundo no solo no elaborada y sistemática», sino además por «un conglomerado indigesto de fragmentos de todas las concepciones del mundo y de la vida que se han sucedido en la historia». El pueblo, aunque conserve «los documentos sobrevivientes mutilados y contaminados» del folclore, por definición «no puede tener concepciones elaboradas, sistemáticas y políticamente organizadas y centralizadas en su desarrollo».[10] A pesar de adentrarse en el folclore, Gramsci asume la necesidad de una especie de «vanguardia intelectual» capaz de organizar al pueblo. Una vanguardia que, si bien necesita adentrarse en las «formas de sentir» popular, no deja de ubicarse en una especie de relación de exterioridad con respecto a ellas. Esta concepción espontaneísta del folclore nos permite apreciar que quizá en la propuesta de Gramsci todavía persiste un resto de la arrogancia marxista que él mismo buscaba combatir. Pero esta crítica que estamos haciendo a Gramsci no debería apuntar a la aceptación del polo contrario, esto es, asumir la cultura popular como el lugar incontaminado de la emancipación. Proceder de esta manera no haría otra cosa más que reforzar la unilateralidad contraria, pasando de una lectu-

9   A. Gramsci, *Cuadernos de la cárcel*, tomo 6, *op. cit.*, p. 205.
10   *Ibid.*, pp. 203-204.

ra peyorativa a un purismo irreflexivo que convertiría lo popular en un consuelo metafísico frente a la barbarie del mundo. De lo que se trata, más bien, es de preguntarnos si el pasado puede ser asumido en un registro diferente.

LA ACTUALIDAD DE LO ARCAICO

En este sentido, creo que de Martino parece ofrecernos un punto de vista distinto para pensar el pasado: en vez de separar lo «nuevo» de lo «viejo» sin más, invita a insertarnos en las fuerzas contradictorias de lo arcaico y entender que estas figuras del pasado, en algunos casos, también pueden tener un sentido progresivo. Aquí cobra más fuerza la idea de que no se trata de desestimar las condiciones de vida pasadas por el mero hecho de pertenecer a otra época, sino de comprender que los mismos elementos arcaicos pueden contener, en su resignificación, una forma de futurabilidad. De Martino parece sugerir que, en vez de separar y aislar elementos —como si los contenidos en sí mismos fueran reactivos o emancipadores—, lidiamos con un mismo material susceptible de ser trabajado desde dos puntos de vista. Lo que para Gramsci eran simplemente «espontaneísmos», para de Martino, en cambio, aparecen como formas históricas que, si bien irrumpen bajo la apariencia de «disposiciones espontáneas», son el resultado de una larga serie de sedimentaciones. Podríamos añadir que lo arcaico sobrevive en esas maneras de «sentir popular», en esa forma dialéctica de lo reactivo y lo progresivo, que ayuda a entender cómo nuestras formas de la sensibilidad también tienen una historia, una racionalidad, y que no cesan de manifestarse inmediatamente en nuestra disposición hacia el mundo. En su ensayo *Gramsci e il folklore*, de Martino hará explícita su distancia con Gramsci en lo que se refiere a la historicidad de los sentires populares. Incluso llegará a plantearse si «la vida cultural tradicional de las masas populares, ¿es solo atraso, superstición, o contiene también elementos válidos y aceptables actualmente, sobre todo en la esfera de las manifestaciones artísticas o literarias?» o si «¿es el folclore solo cesión y envilecimiento de productos elaborados por la alta cultura, o bien la misma readaptación popular de estos productos pone de manifiesto un elemento activo, una capacidad reelaboradora rica en significado humano?». Podríamos decir que estos interrogantes surgen porque de Martino se pregunta si «junto al proceso descendente, que va de la alta cultura al pueblo, ¿no se da también un proceso contrario, ascendente?» y si «más allá de la vida popular tradicional, del folclore en sentido estricto, ¿no existe también una vida cultural de estas masas que rompe de forma más o menos decidida con las tradiciones y que resuena como voz del presente, como reflejo de las nuevas condiciones en curso?».[11]

A diferencia de Gramsci, para quien las fuerzas populares no dejaban de ser una especie de abigarramiento caótico y atravesado por un espontaneísmo contradictorio, de Martino parece hallar unas lógicas subterráneas que articulan estas fuerzas y son capaces de apropiaciones singulares. Es como si se esforzase por entender esa inteligencia de lo popular que sabe reelaborar los materiales

11 E. de Martino, «Gramsci e il folklore», *Bollettino dell'Istituto Ernesto de Martino* 5-6, 1996, pp. 87-90. Citado por C. Feixa, «Más allá de Éboli: Gramsci, de Martino y el debate sobre la cultura subalterna en Italia», *op. cit.*, pp. 32-33.

—tanto los propios como los de la «alta cultura»— y llevarlos hacia lugares novedosos e inauditos. Por eso llegará a decir que su «interés teórico de comprender lo primitivo nacía de [su] interés práctico de participar en su liberación real».[12] Pero habría algo más en estas reflexiones, y es que estudiando las formas de lo arcaico de Martino nos acerca a la idea de que ellas siguen vivas en nosotras. Sus investigaciones sobre este problema parecieran disolver el punto de vista por el cual habría algo así como una «vanguardia iluminada», por un lado, y un «pueblo confundido», por el otro. Con de Martino, el lugar de enunciación de quien asume la tarea de pensar también se pone en cuestión, dado que sospecha de las propias fuerzas vitales que organizan nuestra misma mirada. En el sentido de que algo de lo arcaico sigue vivo en nosotras, incluso siendo estudiosas de esas formas. Por lo que, podríamos añadir, también es posible entrever que algo de lo popular habla a través de nosotras, que usa la lengua para expresar esa *humanitas* del pueblo que se resiste a desaparecer. Y es allí donde nos parece que encontramos una diferencia importante respecto de los planteamientos de Gramsci. No se trata solo de sentir lo popular, sino de descubrir de qué manera las fuerzas arcaicas habitan en nosotras. Al mismo tiempo, mientras Gramsci concibe lo popular desde la perspectiva de lo espontáneo, de Martino, en cambio, se propone elaborar una idea de historicidad, dado que solo abriéndose «a esa propiedad histórica por lo arcaico» hallaremos «la mejor profilaxis contra la idolatría antihistórica de los arcaísmos».[13]

---

12   E. de Martino, «Intorno a una storia del mondo popolare subalterno». Citado por C. Feixa, «Más allá de Éboli», *op. cit.*, p. 26.
13   Id., *El mundo mágico*, Buenos Aires, Araucaria, 2004, p. 63.

La necesidad de trabajar esa doble tensión de lo arcaico (sujeto del enunciado y sujeto de enunciación) se observa con mayor claridad en las investigaciones que de Martino lleva a cabo sobre la historia de la magia. En *El mundo mágico* recupera una serie de investigaciones antropológicas sobre la crisis de la presencia sufrida por varias culturas indígenas en diferentes regiones del mundo. Esta crisis es entendida como la disposición que los individuos de algunas comunidades indígenas tienen para, por un lado, abandonar su propia unidad subjetiva y, por otro, anular la división que diferencia al individuo del mundo. Esta disposición se experimenta como una indeterminación e indistinción en las que su yo se mimetiza con los espacios que habitan. En otras ocasiones, la relación mimética tiene lugar con otro miembro de la comunidad y el sujeto reproduce de manera involuntaria los gestos que la otra persona lleva a cabo. La pérdida de la presencia en el mundo es vivida, de manera paradójica, como un temor y como una posibilidad: el temor de descubrir que el yo no tiene garantizada su presencia en el mundo y la posibilidad de saber que las formas de ese yo están sujetas a los modos de negociación con este drama mágico. Por lo que el problema de la magia permite entender el mecanismo de pérdida y recuperación tanto de la identidad del sujeto como de la fragilidad de su presencia en el mundo. En paralelo a esta experiencia de la crisis, de Martino nos habla del hechicero (el «Cristo mágico», como lo llama), una figura que tiene habilidades para jugar con ambos polos del drama mágico, es decir, con la pérdida y la recuperación de sí. Una figura que, junto a la comunidad, es capaz de diseñar rituales mágicos para negociar su ser en el mundo, a la vez que asume su presencia como el resultado de un trabajo material. El yo en el mundo es producto de un trabajo de sí, de un *ethos* que se pone en movimiento y organiza un modo de ser en el mundo. Desde esta comprensión del problema, de Martino nos ayuda a ver cómo la producción de formas culturales en el interior de una comunidad funciona como estrategia pedagógica para lidiar con esta fragilidad en el mundo, puesto que a través de «este compromiso paradójico [pérdida y recuperación de la presencia], y en virtud de su relación resultante, se torna posible una verdadera pedagogía del ser en el mundo como presencia».[14]

LOS ARCAÍSMOS DE LO ACTUAL

Al estudiar de qué manera el pensamiento mágico funciona en algunas culturas, de Martino hace un desplazamiento hacia el corazón del pensamiento occidental, es decir, hacia el vínculo entre capitalismo y crisis de la presencia. El autor parece sugerir la idea de que el capitalismo funciona como aquella producción cultural encargada de lidiar con la crisis de nuestra presencia en el mundo. Pero habría una particularidad con esta magia llamada capitalismo y consistiría en que concibe la presencia en el mundo como algo garantizado de antemano; naturaliza así aquello que ha sido el resultado de un largo trabajo. Dicho de otra manera, asume a lo humano como una condición *a priori* y no como el resultado de un trabajo histórico. Cabría decir que la ficción occidental por la cual experimentamos que nuestra existencia está garantizada vendría a ser el drama

14 *Ibid.*, p. 144.

mágico que puede llevarnos a nuestra propia desaparición. Opera de manera negada, no permite hacer reflexivos los peligros de nuestras pérdidas y las estrategias que de manera sublimada ponemos en marcha para nuestra frágil recuperación. De forma que podríamos preguntarnos si acaso la clásica relación sujeto-objeto no sería otra cosa que el resultado de un trabajo histórico por el cual una determinada tradición pensó la negociación de nuestro ser en el mundo. Según de Martino, Hegel habría sido uno de los primeros hechiceros en hacer explícita la economía dialéctica de esta negociación y Heidegger, por su parte, nos habría advertido sobre la ilusión de nuestro triunfo. ¿Acaso nos está sugiriendo que el pensamiento dialéctico es una de las pocas supervivencias del drama mágico, comprendido a partir de la experiencia de lo negativo? Siempre y cuando entendamos la negatividad como pérdida de la presencia y a la positividad como su recuperación. Pero habría algo más que, quizá, de Martino no terminó de explorar: que la pérdida de la presencia no sería el lugar originario al que todos retornamos —lo cual sería un modo positivizado de pensar la negatividad— sino la disolución de lo positivo dado previamente y la experiencia de una sustracción. La negatividad radical vendría a ser esa sustracción a partir de la cual configuramos un mundo simbólico y colectivo. En esa clave, y a pesar de las valiosas críticas a la metafísica de la presencia, las derivas heideggerianas no convencen a de Martino (ni a mí), ya que renunciar al juego del sujeto y el objeto impide advertir el esfuerzo histórico por comprender la coimplicación de la presencia y el mundo. O, dicho en el lenguaje mágico: estaríamos renunciando a una de las formas que la filosofía ha inventado para negociar nuestra presencia en el mundo.

Por otra parte, en sus últimos textos, de Martino pondrá en evidencia que la crisis del capitalismo no solo pone en riesgo la presencia del sujeto, sino también la del mundo. El colectivo Tiqqun va a retomar los planteamientos elaborados por de Martino y se preguntará por las posibilidades de la izquierda para competir con el capitalismo en el terreno de la magia. Para ello, añade el colectivo Tiqqun, se vuelve necesario explicitar un punto clave que Marx pasó inadvertido, puesto que este

> se niega a comprender lo que el fetichismo pone en juego […] y hace como si esto, lo que tiene que ver con la experiencia sensible, no formara parte en absoluto de ese famoso «carácter fetichista», como si el plano fenoménico en el que existe la mercancía en tanto que mercancía no fuera, por sí mismo, una producción material […]. No quiere entender lo que sucede desde el punto de vista del ser-en-el-mundo entre esos «hombres» y esas «cosas»; Marx, que pretende explicar la necesidad de todo, no comprende la necesidad de esta «ilusión mítica», su anclaje en el vacilar de la presencia y en el repliegue de esta.[15]

La ilusión, parece sugerir Tiqqun, estaría en creer que al descubrir los mecanismos del encantamiento de la mercancía desactivaríamos, casi de manera automática, sus efectos reales. El problema aparece cuando asumimos, por un lado, que ese vínculo no es automático y, por otro, que el fetichismo de la mercancía funciona como una manera de negociar con la presencia en los términos de un chanta-

---

15 Tiqqun, «Podría surgir una metafísica crítica como ciencia de los dispositivos…», en *Contribución a la guerra en curso*, Madrid, Errata Naturae, 2008, pp. 76-77.

je mágico social que juega con su propio vacilar. Por eso, hace falta prestar más atención a ese «entre» que da forma a los hombres y al mundo. Como bien dice el colectivo Tiqqun, la guerra se libra en el ámbito de la experiencia sensible, pero comete un error al propiciar la destrucción de la economía de la presencia como solución a su vacilar. Esta búsqueda viene dada porque, según afirma el colectivo, «la esencia de todo dispositivo es imponer una división autoritaria de lo sensible donde todo lo que llega a presencia debe enfrentarse al chantaje de su opuesto». Si bien identifican a los dispositivos con la economía capitalista de la presencia, considero que se ha desviado el problema y se cae en la misma crítica dirigida a Marx: renuncian a aquello que permite negociar con nuestra fragilidad. Posiblemente haga falta prestar más atención al vacilar de lo existente y observar qué aspectos de los dispositivos escapan a la magia del capitalismo y hacen florecer otro tipo de magia. Como quería Benjamin, es necesario propiciar un reencantamiento del mundo para convertir esas imágenes oníricas de la mercancía en imágenes dialécticas. El problema de la apuesta del colectivo Tiqqun es que corre el riesgo de quedar atrapado en la fascinación por la pérdida de la presencia y la experiencia de su crisis. Porque así como la negación de la fragilidad de la presencia se vuelve un juego peligroso, también le ocurre a la fascinación por su pérdida. Por eso, a la actitud de Tiqqun habría que contraponer el humanismo plebeyo de Gramsci y de Martino, puesto que en vez de priorizar el modo en que el poder configura sus estrategias de dominio, nos permite atender a esas reapropiaciones populares que hacen un trabajo de sí. Es decir, «ver desde el otro lado» cómo determinados usos plebeyos escapan a los rituales mágicos del capitalismo y nos introducen en el terreno de lo arcaico. Un trabajo de sí entendido como esos usos comunes y anónimos que operan de otra manera la materia del capitalismo. Y cabe preguntarnos si el feminismo no es esa nueva fuerza histórica capaz de hacernos experimentar la crisis de nuestra presencia y, al mismo tiempo, la posibilidad de una nueva articulación más allá del patriarcado. Si la magia del capitalismo no ha hecho otra cosa más que proponer diferentes usos de lo arcaico bajo las formas de una presencia garantizada, la magia del feminismo puede ayudarnos a negociar la *humanitas* que pone en juego la ficción histórico-arcaica de lo humano. Pero solo podremos asumir esta batalla en todas sus consecuencias cuando comprendamos —como ya viene haciendo el capitalismo desde hace mucho tiempo— que esta guerra política se juega en el ámbito de la estética, es decir, de lo sensible.

Estado de los cuidados

Escrito junto a Paula Biglieri

SEDIMENTACIONES Y REACTIVACIONES COLECTIVAS

Desde diferentes tradiciones del pensamiento político llevamos tiempo sosteniendo que nuestra presencia en el mundo no está garantizada. Pero no ha sido hasta la reciente experiencia de la pandemia de COVID-19 y de la guerra que esta verdad nos atravesó como un rayo fulminante. Y lo sabemos en un doble sentido. Por un lado, porque nos damos cuenta de hasta qué punto algo tan minúsculo como un virus es capaz de poner en entredicho los lazos socio-simbólicos que sostienen nuestra vida. Y, por otro, porque nos permite constatar que esta pandemia es el efecto de un problema mucho más profundo: nuestra relación con eso que hemos dado en llamar «naturaleza». La gran incógnita que aún no somos capaces de descifrar es, no obstante, qué vamos a hacer con esa certeza y qué tipo de lazos sociales vamos a comenzar a construir en este escenario límite que parece vislumbrar una crisis civilizatoria sin precedentes. No resulta sencillo tratar de decir algo, y menos aún cuando experimentamos cierto rechazo ante algunas voces filosóficas que, en vez de atreverse a habitar la incertidumbre que está revelando nuestro presente, prefieren, con tal de ver cumplidos sus propios marcos teóricos, clausurar de antemano cualquier imagen alternativa de futuro. Sus predicciones se asemejan a una distopía al estilo *Blade Runner*: una escena posdemocrática organizada por un autoritarismo biotecnológico que vendría a acabar con todo aquello que nos hace humanos. Tampoco creemos que se trate de guardar silencio, como si esa actitud, sugerida también por varias voces de la academia, ayudara a cultivar una mayor claridad ante lo que sucede. Como si apartarse de la escena pública y asumir una posición de repliegue nos dispusiera a una mejor comprensión de nuestra fragilidad. No es tarea sencilla abrir paso al pensamiento entre la actitud del lúcido desencantado y la de quien prefiere huir de la existencia. Ambas fascinan y simulan ser radicales. Pero nos parece más interesante asumir nuestra fragilidad epocal y, al mismo tiempo, arriesgarnos al pronunciamiento público, colectivo. O, dicho de otra manera, creemos urgente cultivar una disposición que convierta nuestra actual incertidumbre en una fuerza para la imaginación política.

Más que nada porque, si la pandemia ha servido para corroborar de manera inaudita y a escala global las grandes limitaciones que tiene el modelo neoliberal para responder a esta crisis, esto no significa que estemos, de manera automática, en mejores condiciones para ver surgir sociedades más justas, fraternas e igualitarias. Por el contrario, corremos el riesgo de que la actual propagación de las fuerzas reaccionarias encuentre una oportunidad histórica para ganar terreno y trastocar importantes conquistas sociales. Sobre todo si tenemos presente lo que está desencadenando el conflicto en Ucrania. Este escenario crítico está funcionando, entre otras cosas, como la coartada perfecta para construir nuevas narrativas que justifiquen las opresiones, las injusticias y los horrores del futuro. Y justamente por este motivo se vuelve urgente combatir esa narrativa con otros imaginarios provenientes, más que nada, del campo popular y del feminismo. Por eso, aunque no sea fácil construir una imaginación de futuro, y menos aún tratar de darle un marco teórico, sí consideramos necesario escribir y orientar nuestro pensamiento desde determinados legados conceptuales. ¿Qué clase de compromiso filosófico podría implicar el abandono de la tarea de pensar, nombrar y conceptualizar nuestro presente? ¿Acaso el uso de la palabra pública, en la doble condición de mujer y latinoamericana, no es una responsabilidad ético-política resultado de una conquista histórica en medio de dolorosas experiencias coloniales, patriarcales y oligárquicas?

En esa dirección, hay dos categorías teóricas que nos pueden ayudar a darle una orientación a los sucesos desatados por la pandemia de COVID-19. Se trata de los conceptos de *sedimentación* y *reactivación,* originalmente pensados por Edmund Husserl y luego reformulados por Ernesto Laclau. A nosotras nos interesa, sobre todo, considerar la reformulación propuesta por Laclau, puesto que allí hay unas claves de lectura bien sugerentes desde el punto de vista político. Como él mismo nos recuerda, la *sedimentación* se refiere a las prácticas rutinizadas o naturalizadas que han roto su vínculo con el momento inicial de su institución. Sin ir más lejos, un ejemplo de ello es la república en tanto forma de organización social. Salvo contadas excepciones, tenemos completamente naturalizada la idea de que el lazo social es un lazo democrático y republicano en el cual nos autopercibimos como libres e iguales en derechos. Incluso las desigualdades actuales son combatidas justamente a partir de este sentido común arraigado en nosotras. No obstante, nada garantiza que este principio rija por siempre, puesto que es el resultado contingente de luchas políticas sostenidas a lo largo de varios siglos, y puede resultar que en un momento dado determinadas fuerzas reaccionarias logren desintegrar este sentido común igualitario. En lo que se refiere al concepto de *reactivación*, este apunta al momento en que las prácticas rutinizadas son puestas en entredicho y el vínculo original y olvidado del cual proceden vuelve a hacerse visible. Si seguimos con el ejemplo de la democracia para explicar con más precisión este segundo concepto, es fácil constatar que el modo de proceder de la extrema derecha pone en entredicho una serie de sedimentaciones asociadas a las conquistas democráticas. Todo parece apuntar a que esto opera como un ensayo posdemocrático de cara al futuro. Igualmente, no hay que identificar a la reactivación con un momento reactivo, dado que esa puesta entre paréntesis de las cosas también puede tener una orientación emancipadora, como veremos más adelante.

Esta distinción que acabamos de hacer entre ambos conceptos, por tanto, nos ayuda a entender en qué medida la *desconexión* con el momento instituyente de las sedimentaciones es lo que crea el hábito de asumirlas como algo objetivo, como realidades cotidianas cuya permanencia estaría garantizada de modo casi incuestionable. Pero, al mismo tiempo, también nos ayuda a comprender por qué producen tanta resistencia las instancias de reactivación, dado que nos confrontan con el momento instituyente de todo aquello que habíamos asumido como estable y permanente, con todo aquello que garantizaba nuestra permanencia en el mundo.

Ahora bien, Husserl elaboró estos conceptos para pensar el papel que podía desempeñar la filosofía en la comprensión fenomenológica del sujeto y la institución del sentido, es decir, para explicar cómo la posibilidad de la reactivación, en su dimensión original y absoluta, se hallaba siempre latente en la raíz de las prácticas sedimentadas. Laclau, por su parte, quiso dar un paso más e inscribir estas dos operaciones en el campo de la política. O, dicho de otra manera, hacer pensables las implicaciones políticas de los hallazgos filosóficos de Husserl. Pero al introducir estos dos conceptos, *sedimentación* y *reactivación*, en lo político, Laclau propició unos efectos que trastocaron los mismos presupuestos filosóficos planteados por Husserl. No hay que olvidar que Husserl fue el último gran pensador interesado en garantizar los fundamentos últimos de la realidad y, al mismo tiempo, uno de los primeros en socavarlos. Husserl, a pesar de sí mismo, abrió las puertas a la experiencia de la contingencia radical y la ausencia de fundamento último como el *nuevo fundamento de nuestra época*. Es decir, propició la paradoja de que la contingencia de cualquier orden social era, justamente, la condición de posibilidad de su fundamentación. Podríamos decir, entonces, que Laclau se sitúa del lado de este reverso inesperado por Husserl. Y, gracias a ello, la *reactivación* no solo sirve para poder pensar juntos los momentos de institución con los de *sedimentación*, sino que revela el carácter radicalmente contingente de esas sedimentaciones que tendemos a inscribir en toda experiencia de «objetividad», dado que toda reactivación deja expuesto que fueron obturadas otras decisiones para que determinadas sedimentaciones tuvieran lugar. La constatación vertiginosa, por no decir traumática, de estas dos operaciones pensadas por Husserl y radicalizadas por Laclau es que lo que hoy somos no es más que el resultado de una contingencia radical que podría haberse decidido de un modo rotundamente diferente. Nos damos cuenta de que otras prácticas podrían haber tenido lugar, otras sedimentaciones podrían haber configurado la objetividad de nuestro presente.

El resquebrajamiento de la actual escena mundial, si seguimos en esta clave de lectura, ha abierto una *instancia de reactivación*. Nos confronta con la dimensión instituyente de nuestras sedimentaciones y nos hace experimentar, en carne propia, la radical contingencia de los lazos sociales que nos han constituido hasta ahora. Por todo ello, puede resultar interesante pensar el juego entre *sedimentación* y *reactivación* justamente porque es en estas remociones surgidas al calor de la crisis que se están comenzando a perfilar las sedimentaciones del futuro, que se dirimen en su contingencia radical. Y porque, además, si ese contexto es modificado, bien podría reafirmarse la racionalidad neoliberal del ajuste infinito o inclusive reinventarse cargada de rasgos neofascistas. En todo caso, las derivas podrán llegar a tomar un rumbo emancipatorio siempre que haya quienes desde el campo popular estén decididos a dar la lucha antagonista y logren ganar terreno en la correlación de fuerzas históricas. Por eso creemos que la voz de la academia y, más aún, de la academia comprometida con las transformaciones emancipadoras, tiene una responsabilidad importante.

Si se han podido plantear interrogantes tales como quién va a pagar la crisis, si los desposeídos de siempre o las élites neoliberales (o lo que es lo mismo, los ricos de siempre), es porque el tiempo de la reactivación ha abierto un espacio para que tallen en lo social demandas que hasta hace poco tiempo atrás, de ser formuladas, eran tramitadas como un mero ruido incomprensible o acaso, si lograban ser escuchadas, eran ignoradas como absurdas reivindicaciones de grupos minúsculos radicalizados. Por ejemplo, el reclamo por una renta básica universal, el impuesto a las grandes fortunas, la nacionalización de los servicios públicos, la transición energética de una economía fósil a otra sostenible o la proclamación de que ciertas esferas de lo social como la salud deberían quedar necesariamente por fuera de la lógica del mercado, dejaron de ser un ruido de fondo para convertirse en demandas que interpelan tanto a las mayorías sociales como a los líderes políticos del mundo entero. En el ámbito de la academia, por su parte, hemos escuchado formulaciones impensadas: autonomistas hablando en clave republicana por la intervención del Estado o neoliberales defendiendo el desarrollo de un sistema de salud pública. Pero también encontramos un recrudecimiento de un discurso que podríamos denominar como de extrema derecha o neofascista, es decir, un discurso que, en nombre de la libertad, termina por naturalizar una lógica sacrificial capaz de interpelar a las mayorías más vulnerables y lograr que estas exijan, como garantía de sus libertades individuales, la propagación de su propia vulnerabilidad.

Pero, al mismo tiempo, esta reactivación ha puesto al Estado en el foco de la discusión de lo público y al hecho de cómo, desde allí, se puede llegar a *antagonizar* con la lógica sacrificial neoliberal. La puja transita, por tanto, en demostrar que el Estado puede volverse una superficie —aunque no la única— desde donde reinventar lo común, el lazo social, y así intentar construir y, si se quiere

—¿y por qué no?—, configurar una lógica solidaria que contraste con la lógica sacrificial del neoliberalismo. Por otra parte, esta crisis ha reforzado la violencia doméstica y los feminicidios no han encontrado interrupción. A la vez que se ha mostrado insuficiente en los barrios populares, puesto que trae a la luz una serie de problemas asociados a la precariedad laboral y de infraestructura que vienen profundizándose desde hace décadas.

CUIDAR EL ESTADO

En esa dirección, el feminismo, desde diferentes voces en América Latina, nos ha dado las herramientas para contraponer al Estado neoliberal un Estado de los cuidados.[1] Una de las primeras en reconocer esta posibilidad inédita desde el feminismo ha sido Rita Segato, en su texto *Coronavirus: todos somos mortales. Del significante vacío a la naturaleza abierta de la historia*.[2] En ese texto, Segato defiende la gestión del presidente argentino Alberto Fernández y aprovecha esa oportunidad para explorar una distinción entre un Estado paterno y un Estado materno. Si el primero apuntaría a lo bélico y amurallado, el segundo, por el contrario, se dirigiría a la idea de hospi-

---

1 Véase el texto de R. Farrán y J. Gorriti, «Estado de los cuidados ante el coronavirus: el ejemplar caso del gobierno argentino», https://www.ieccs.es/post/estado-de-los-cuidados-ante-el-coronavirus-el-ejemplar-caso-del-gobierno-argentino (consultado: 14/12/2023). También véase la reflexión más sugerida por R. Farrán. «Estado cuidador», *Le Monde Diplomatique*, https://www.lemondediplomatique.cl/estado-cuidador-por-roque-farran.html (consultado: 11/03/2020).
2 R. Segato, «Coronavirus: todos somos mortales. Del significante vacío a la naturaleza abierta de la historia», *op. cit.*

talidad y a su carácter de anfitrión. En esa dirección, la autora está ofreciendo una posibilidad inaudita: pensar el Estado en una clave feminista. No solo esto parece indicar una distancia con respecto a otros de sus textos, en los cuales ha sido muy crítica con la figura del Estado en nuestras repúblicas, sino que permite ahondar en una reactivación, si volvemos a la expresión acuñada en la sección anterior, de la *naturaleza del Estado*. Dicho de otra manera: nada nos obliga a seguir identificando al Estado con los rasgos masculinos propios de la lógica patriarcal. Como mencionamos más arriba, Segato escoge dos adjetivos para pensar las nuevas posibilidades del Estado: un Estado hospitalario y anfitrión. No está de más recordar que estos rasgos que resalta Segato de lo materno están en la base de la propuesta metafísica de Lévinas en *Totalidad e infinito*. Y traemos esto a colación porque el deseo de Lévinas, cuando acuñó estos adjetivos, apuntaba a refundar una filosofía alejada del *pólemos*, identificando a este con «lo político».[3] Es decir, frente a una ontología del conflicto, Lévinas buscaba una metafísica sustentada en la moral (a la que luego terminó por llamar una *ética de la otredad*). Esa búsqueda, arraigada profundamente en muchas propuestas filosóficas contemporáneas, como la de Segato, tiene un límite: establecer una dicotomía entre la ética de la otredad y la ontología del conflicto. Lévinas las piensa como polos opuestos y hace coincidir el conflicto con la voluntad de totalidad. De manera que una ética de la otredad no puede asumir, dentro de sí, el conflicto. La ética del anfitrión hospitalario juzga con malos ojos a

---

3 E. Lévinas, *Totalidad e infinito. Ensayo sobre la exterioridad*, Salamanca, Sígueme, 2002, pp. 47-57.

la tradición disensual de lo político. Cree ver allí un vicio «totalizante» a ser superado por una metafísica de la trascendencia, del infinito. Segato parece reiterar ese gesto cuando piensa el feminismo, como si todos estos rasgos quedaran asociados a la cultura de lo masculino, vinculados a las polarizaciones estériles y las confrontaciones innecesarias. Interpretar el antagonismo y el conflicto con una lógica masculina estéril y confrontativa nos parece una reducción complicada. Creemos que no se trata tanto de optar entre la ética de la otredad y la política del disenso como de tratar de reconectar lo político y lo ético de otra manera. Es decir, hacernos cargo de la dimensión instituyente del *pólemos* desde una perspectiva feminista capaz de propiciar un nuevo pacto ético-político.

No estamos seguras de si Segato ha tenido en mente estos aspectos al momento de escoger estos dos adjetivos, pero lo cierto es que la decisión por la distinción entre lo materno y lo paterno pareciera reactivar los problemas asociados a la propuesta filosófica de Lévinas. Lo primero que nos resulta problemático del Estado materno esbozado por Segato es, por un lado, la sugerencia de una distinción subterránea entre lo femenino como lo conciliador y lo masculino como lo conflictual. Y, en segundo lugar, la identificación de lo femenino con lo doméstico y lo masculino con lo público, asumiendo la idea de que deberíamos reivindicar una «gestión de lo doméstico» frente a la vocación que varias feministas hacemos de lo público. Nos dice la autora:

He dicho que cuando la tarea política masculina deja de ser una entre dos tareas políticas, y el espacio donde se ejecuta deja de ser uno entre dos espacios —el público y el doméstico, cada uno con su estilo propio de gestión— para convertirse en una esfera pública englobante y el ágora única de todo discurso que se pretenda dotado de politicidad, es decir, capaz de impactar en el destino colectivo, en ese momento, la posición de las mujeres, ahora secuestradas en la cápsula de la familia nuclear, se desploma a la calidad de margen y resto, expropiada de toda politicidad.[4]

Si prestamos atención a esta cita, entonces, el rechazo a lo público apuntaría a que una esfera pública englobante que «interrumpa» la distinción entre lo público y lo doméstico terminaría por hacer prevalecer la «tarea política masculina» y acabaría por «desplomar» a las mujeres en «calidad de margen y resto, expropiada de toda politicidad». Si seguimos el razonamiento al que nos invita esta afirmación, encontramos que habría algo así como dos estilos, dos formas binarias de «gestión» de lo social (materno, doméstico; paterno, público) y la novedad del «enfoque albertiano» habría consistido en decantarse por una «gestión doméstica de la nación». Aquí podemos preguntarnos por qué Segato, en su planteamiento inconfesadamente antagonista entre lo materno y lo paterno —puesto que todo ejercicio de contraposición siempre es un modo de hacer aparecer a *pólemos*—, prefiere la palabra «gestión» a la palabra «gobierno» o «política»: ¿habrá una supervivencia del legado levinasiano que obtura el plano de lo político a nivel ontológico? La segunda cuestión consiste en preguntarnos por qué lo público tiene que quedar necesariamente asociado a lo masculino y lo doméstico a

---

4 R. Segato, «Coronavirus: todos somos mortales. Del significante vacío a la naturaleza abierta de la historia», *op. cit.*

lo femenino, cuando históricamente esta distinción ha ido más allá de una división de género. Nos parece que hay un aspecto que Segato no toma en cuenta cuando critica la vocación por tramitar el conflicto desde el ámbito público: la posibilidad de pensar lo público en clave feminista. Así como es posible reactivar la naturaleza del Estado hacia unas coordenadas inéditas, lo mismo puede decirse sobre lo público. Nos parece que cuando Segato figura la dicotomía entre lo público y lo doméstico cae presa de aquello mismo que busca criticar. Dicho de otra manera: piensa esta distinción desde el punto de vista masculino. ¿Acaso no es posible pensar lo público desde un punto de vista feminista? Nuestra respuesta es afirmativa y la clave está en prestar atención a las reactivaciones inesperadas que puede suponer abordar el problema de «la *cosa* pública» desde este lugar de enunciación.

Estado de los cuidados

En lo que sigue, entonces, trataremos de continuar la posibilidad inédita abierta por Segato en el momento de pensar un Estado feminista, pero tomaremos distancia tanto de la dicotomía materno/paterno como de la idea de que lo público expulsa a las mujeres de su politicidad. Nos parece desacertado sostener que una apuesta por lo público nos deje «expropiadas de toda politicidad». Posiblemente porque, a diferencia de la apuesta de Segato, nuestra trayectoria de pensamiento feminista se encuentra atravesada por el populismo y el republicanismo. Por esa razón, nos gustaría argumentar por qué nuestra posición, sin desconocer los grandes aportes de Segato, parte de la creencia de que el feminismo no solo no debe renunciar a lo público, sino que debe radicalizarse desde allí para pensar lo común. Esto implica hacer dos cosas: por un lado, inscribirnos en un determinado tipo de tradición republicana para pensar la *cosa pública* y, por otro, repensar el problema de lo público y lo doméstico a partir de lo común.

Algo que la filósofa Julia Bertomeu junto a Antoni Domènech nos ayudan a recordar cuando nos dicen que la idea de lo doméstico es un constructo de poder premoderno, atado a una idea de afecto y propiedad extensivo a la propiedad del señor feudal y su vínculo con los subordinados,[5] que hemos explicado en detalle en el capítulo «República y cuidados: nuevos usos del archivo filosófico». Por eso, posiblemente la disputa no esté tanto entre lo materno y lo paterno como en dos concepciones de lo público: lo público plebeyo y lo público oligárquico. Así, creemos que es en la disputa por la «cosa pública» donde se juegan las reactivaciones que ha propiciado la pandemia, allí es donde observamos que se inaugura una escena pública de los cuidados y la posibilidad de ir configurando lo común.

Y esto nos conduce a la última cuestión que queríamos plantear en este texto: el problema de lo público y lo doméstico desde la perspectiva de lo común. Recordemos que en la base de esto se encuentra la dicotomía público-privado. Por lo general suele pensarse que esta distinción guarda una saludable simetría. Lo público se identifica con el Estado y lo privado con las iniciativas individua-

---

5 A. Domènech, *El eclipse de la fraternidad. Una lectura republicana de la tradición socialista, op. cit.*

les o corporativas que no pasarían por la órbita estatal. Sin embargo, cuando nos adentramos en la historia de esta distinción nos damos cuenta de que no coincide con esta apreciación de sentido común. En primer lugar, es equivocado el punto de vista estatista por el cual se hace coincidir lo púbico con lo estatal. De la misma manera, es errado identificar lo privado con la iniciativa libre de individuos aislados. Recordemos que el adjetivo «privado» viene del verbo en latín *privare*, esto es, privar, destituir o despojarnos de algo. En ese sentido, cuando establecemos la distinción entre bienes públicos y privados, no estamos apelando a la existencia de dos polos equivalentes, sino a un ejercicio de sustracción: lo privado es todo aquello que nos ha sido despojado de lo común. Por eso acá nos interesa retomar la propuesta planteada por el pensador René Ramírez Gallegos en su texto *Las virtudes de los comunes. De los paraísos fiscales al paraíso de los conocimientos abiertos* (2014), cuando nos invita a superar la dicotomía público-privado mediante la idea de «bienes comunes». Es decir, recuperar una idea de lo común que vaya más allá de la falsa dicotomía entre público-privado y reactive la tensión público-doméstico. En esa dirección, cuando decimos pensar lo público desde una perspectiva feminista, lo que estamos tratando de reactivar es justamente la posibilidad de trabajar la *res* pública de otra manera. Y hacernos cargo de ello supone revertir las lógicas de despojo neoliberal a través de mediaciones institucionales del campo popular. No se trata de establecer una falsa disyuntiva entre el Estado y el campo popular, sino, más bien, de liberar a nuestros Estados de la captura neoliberal y restituirlos a un uso común: un uso dialéctico de los pueblos.

Indicios: el enigma del significante y la fuerza colectiva de los afectos

El enigma del significante

Desde algunas vertientes del feminismo y la teoría política contemporánea se viene prestando especial atención al rol de los afectos en la política. Si bien algunas de estas orientaciones intelectuales, como el giro afectivo, insisten en la novedad de este enfoque, lo cierto es que tanto esta expresión como otras vinculadas a ella —pasión, sensibilidad, emoción, etc.— no han dejado de estar presentes en las reflexiones más agudas del campo de la filosofía política moderna. Quizá podamos encontrar la ausencia de esta dimensión en el terreno de la sociología, las ciencias políticas o la teoría política de corte liberal-consensualista del siglo xx. Y, en esa medida, podría decirse que los aportes del giro afectivo ayudan a saldar deudas dentro de estas disciplinas de tradición con influencia anglosajona. Pero resulta un desacierto considerar que esto no ha sido pensado ni teorizado desde el campo de la filosofía. Incluso, cabría añadir que, desde América Latina, los afectos y sus conexiones sensibles han sido pensados y trabajados como material ineludible de las acciones emancipadoras, tanto en las experiencias republicanas de las independencias como en los procesos populistas más recientes. Es por eso que creo que no hemos prestado suficiente atención filosófica a la vocación de futuro que traman estas memorias afectivas cultivadas colectivamente en América Latina, cuyas conexiones sensibles se distancian de los preceptos académicos metropolitanos, cuya compulsión a la repetición de verse a sí mismos como el lugar de la vanguardia opaca lo que hay de inaudito en otras latitudes. Y por inaudito me refiero a eso que la misma palabra guarda en su acerbo etimológico: lo que ha quedado sin escuchar *(in-auditus)*. De ahí que resulta curioso descubrir voces autorizadas que descartan, casi irreflexivamente, las experiencias de los populismos latinoamericanos al asociarlos con experiencias fallidas o resabios del pasado. Sin embargo, creo que es justamente allí, en esos resabios del pasado, donde podremos encontrar esa imaginación de futuro que tanto se pregona desde la academia. No veo factible qué futuro sea posible imaginar cuando nuestra inteligencia ha roto todo tipo de ligazón con los acumulados afectivos de nuestros pueblos. Por eso, me parece más interesante que nos detengamos a imaginar qué hay de novedoso en esos supuestos *resabios del pasado*, en esas capas de sedimentos históricos que delimitan un modo de sentir y pensar lo político *desde* América Latina.

Una de las razones por las que se considera a los populismos latinoamericanos del siglo xxi resabios del pasado tiene que ver, por un lado, con el lazo libidinal que existe entre el pueblo y sus líderes y, por otro, por el tipo de apuesta institucional que autoriza ese lazo afectivo. El siglo xxi latinoamericano inicia con una reinvención de sus imaginarios republicanos, vinculando lo público a la voluntad colectiva, la organización popular a instituciones del Estado. Y todo ello mediado por el lazo afectivo que se cultiva entre pueblo y líder. Todos los significantes que reactivan estos procesos políticos contradicen las principales tesis de esta tendencia intelectual que ha renunciado a las formas en que los pueblos siguen organizándose políticamente.

Pero no es así el caso de varios de nuestros legados de pensamiento estético y político latinoamericano, cuya dimensión afectiva no ha dejado de ser explorada mediante un diálogo crítico con el canon filosófico occidental. Teorizaciones provenientes del barroco, el marxismo, el legado nacional-popular o el populismo no han dejado de explorar el rol de la sensibilidad en la configuración de América Latina. Por eso, tomo distancia del reciente giro afectivo anglosajón, puesto que pierde de vista todo lo que desde América Latina se ha pensado sobre los afectos y la sensibilidad. Una de las grandes limitaciones que observo en este giro afectivo, escudado en el legado spinozista sostenido por Deleuze y Guattari, es la reactualización de un cierto *ethos* protestante que desdeña el rol de la mediación e inaugura una dimensión intimista e inmediata entre el cuerpo y los afectos. Esta operación termina por crear, de manera inconfesada, un dualismo moralizante que fija *a priori* cuál sería el papel de la inmediatez, la mediación, el lenguaje y el cuerpo en la praxis política. La inmediatez se identifica con la libertad; la transformación y la emancipación y la mediación, por su parte, con una operación opresora que vendría a capturar, someter y fijar las fuerzas espontáneas, indeterminadas y libres. El cuerpo y los afectos se asumen como esa inmediatez auténtica e incontaminada, sin advertir que es a través de palabras y de discursos como se va creando esa teorización reificada de la corporalidad. El lenguaje, la cultura y la sociedad, en cambio, se conciben como prácticas mediadoras que vendrían a decodificar y encorsetar la libre espontaneidad indeterminada del cuerpo. Este dualismo no hace más que invertir los prejuicios que cierta filosofía moderna de corte cartesiano expresaba sobre el cuerpo y los sentidos, trasladando el lugar de privilegio epistémico que se tenía reservado para la razón al cuerpo y la sensibilidad. Nos parece que aquí se sigue oscilando con viejos resabios de la filosofía y se les añade la actitud heideggeriana de buscar, a como dé lugar, un origen desde el cual acceder a una forma de autenticidad. La predictibilidad de este esquema dicotómico nos lleva a una pregunta elemental: ¿es posible pensar el discurso y los afectos sin recurrir a este dualismo moralista que precisa establecer una jerarquía entre lo auténtico y lo inauténtico y nos obliga a elegir entre la razón y la sensibilidad, los discursos y el cuerpo?

Considero que la dimensión filosófica de la teoría populista nos ofrece unas claves de lectura para pensar un vínculo no maniqueo entre los afectos y los discursos en el campo de la política que esté más allá de las estigmatizaciones clásicas del legado positivista o liberal-democrático de las ciencias sociales. Lo primero que se nos va a decir desde este enfoque es que el papel de los afectos es un problema inherentemente vinculado al problema de la nominación; es decir, al viejo vínculo entre el *nombre* y la *cosa*. En *La razón populista*, Laclau hará una interesante inversión, ya que en vez de considerar a la cosa como sustrato último del lenguaje, nos dirá, en su lugar, que en realidad el *nombre es el fundamento de la cosa*. Y lo hará desde dos ángulos diferentes. Por un lado, desde las operaciones *significantes* de todo acto de nombrar. Y, por otro, desde los *afectos* como la fuerza que hace posible esa primera operación. En lo que se refiere al primer ángulo, elaborará una distinción entre un abordaje descriptivista y otro antidescriptivo del lenguaje. Esta distinción entre dos formas diferentes de concebir el acto de nombrar le ayudará a expresar mejor el sentido de su posición. El descriptivismo parte de la existencia de una serie de *contenidos descriptivos* que determinarían el nombre de las cosas. Esos contenidos expresarían la naturaleza de la cosa nombrada, sus rasgos no contingentes. El antidescriptivismo, en cambio, asume que ningún nombre se encuentra atado a un contenido determinado. Más bien, cada nombre sería algo así como un acontecimiento no vinculado a un contenido concreto. Laclau se sentirá más cercano a las posiciones antidescriptivas y las encontrará afines a la propuesta de Saussure sobre la distancia irreductible que existe entre el significante y el significado en todo proceso de significación. Recordemos que el significante es una marca sensorial (huella) con dos propiedades: por un lado, no significa nada y, por otro, produce efectos de significado. El significante, por tanto, produce *efectos* sin que esté asociado a ninguno de ellos de manera necesaria. La atadura entre significante y significado es de naturaleza contingente y cambiante. Podríamos decir que mientras para los descriptivistas sí existe una *correlación fija* entre ambos, a cada significante le correspondería un conjunto determinado de significados (contenidos), para los antidescriptivistas, al igual que para Saussure, el significante se encuentra completamente emancipado del significado. Pero Laclau no solo apunta a la brecha que existe entre el significante y el significado, sino que da un paso más y asume que el significante *fija* la identidad de la cosa en tanto que produce retroactivamente el objeto nombrado. Y aquí es donde Laclau reconoce que estaríamos entrando de lleno en el plano ontológico, puesto que la cosa no es algo dado de antemano y a la espera de ser nombrada. Por el contrario, su unidad es producida por ese mismo acto de nombrar o proceso de significación.

El legado laclausiano se sitúa, así, en la época de la *autonomía de la nominación* o carácter productivo del nombre sin que esta operación quede subordinada a una descripción o designación. Las palabras, por tanto, no designan ni describen algo que las precede, sino que, al nombrar, producen la identidad de la cosa. De ahí, entonces, que el significante sea la operación privilegiada para Laclau y que sea a través de este que intente demostrar que el nombre es el fundamento de la cosa. Más aún, el significante, además de ser contingente, será vacío, en el sentido de que habrá un punto *(point de capiton)* dentro de todo proceso de significación que es constitutivamente irrepresentable; justamente porque es sustraído de la escena puede funcionar como condición de posibilidad de la significación. Es decir, «un vacío *dentro* de la significación».[1]

Ahora bien, la originalidad de la propuesta laclausiana consistirá en trasladar todos estos problemas del ámbito de la lingüística al terreno del pensamiento político. Una operación que ha resultado difícil de comprender desde disciplinas como las ciencias políticas o la sociología, puesto que categorías como «pueblo» o «sociedad» dejan de ser consideradas como un *hecho* para pasar a

---

1 E. Laclau, *La razón populista*, Buenos Aires, FCE, 2009, p. 36.

ser pensadas como un *significante*. La concepción performativa del lenguaje conducirá a Laclau a sostener cosas como que «la sociedad no existe», cuyas consecuencias produjeron toda una serie de malos entendidos alrededor de su apuesta ontológica de pensar al pueblo o a la sociedad por fuera del positivismo clásico de las ciencias sociales. Lo importante aquí es precisar que la lógica de articulación de lo político se encuentra profundamente atravesada por el problema del nombre, más precisamente, por el *significante pueblo*. Nos muestra que toda la disputa está en controlar ese significante porque lo que se busca es controlar el sistema simbólico que nos lleva a asociar un significante a una serie de significados. O, dicho de otra manera, el conflicto está en saber qué queremos decir cuando nombramos al pueblo. Por eso en su último libro, *For a Left Populism*, Chantal Mouffe insistirá en la idea de que el pueblo no es algo dado, previo a toda correlación de fuerzas políticas, sino, por el contrario, se produce y orienta esas mismas correlaciones. Y es la identificación inmediata entre un significante y un significado lo que garantiza la estabilidad del orden o el nombre del pueblo.[2] La lógica equivalencial se vuelve peligrosa porque hace explícita la brecha entre significante y significado. Y esta apertura, esta indeterminación de lo social, es una sabiduría que van materializando los de abajo. Los de abajo empiezan a saber que las cosas, el orden socio-simbólico, puede tramarse de otra manera. Se pone en evidencia la contingencia de esas ataduras y la posibilidad de configurar otro orden político. Es decir, la posibilidad de un orden simbólico diferente. Pero

---

2   Cf. C. Mouffe, *For a Left Populism*, Londres, Verso, 2018.

un significante, al estar emancipado de sus significados, siempre escapará a su control y a los esfuerzos por fijarle un significado acabado; va más allá de ellos y, al mismo tiempo, los organiza. Por eso el conflicto se vuelve inerradicable. Esto nos permite entender, entonces, que el significado o la identidad del pueblo es el resultado contingente en la disputa por nombrar. Una disputa en la que los de abajo pujan por participar, ante la evidencia del histórico despojo al que han sido sometidos por los de arriba.

Algunos han criticado el enfoque del populismo al considerarlo una mera teoría del lenguaje, pero sería importante señalar acá que esta teoría va más allá de problema del lenguaje. Según Laclau, es una ontología que entra a disputar, por un lado, una comprensión sobre cómo se instituye el sentido en toda práctica humana y, por otro, sobre la naturaleza del ser. Hablar del pueblo, entonces, es pensar todos estos problemas de la filosofía sin dejar de encarnarla en la cuestión política de la emancipación. Lo que este enfoque plantea es que la identidad del pueblo no es una realidad positiva, como estamos habituados a pensar. Sugiere, por el contrario, que el pueblo es el efecto retroactivo de la *negatividad*. Aquí, entonces, llegamos a una cuestión crucial porque si el nombre es lo que determina retrospectivamente la identidad del objeto, en este caso, el pueblo, y si esa identidad viene dada por ataduras contingentes y cambiantes entre significantes y significados, entonces, pues, faltaría saber qué posibilita estas ataduras o fijaciones. Es decir, qué es lo que permite asociar al significante pueblo una serie de significados y no otros.

La fuerza de los afectos

Este interrogante abona el terreno para adentrarnos en el segundo ángulo del que hablábamos más arriba, ya que serán los *afectos* esa fuerza que establece las asociaciones entre significantes y significados. Pero para poder comprender mejor la relación entre los afectos y los significantes hace falta tener presente el legado psicoanalítico que el enfoque del populismo asume para pensar dicho vínculo. Para expresarlo en otros términos, hace falta que este efecto retroactivo del nombrar tenga lugar, es decir, para que sea posible configurar la unidad o identidad de un objeto es necesaria una «investidura radical». Las investiduras apuntan a las identificaciones o idealizaciones que llevamos a cabo en todo proceso de significación. Los procesos de identificación no dependen de nuestra voluntad, no son algo que podamos hacer de manera deliberada, sino que, por el contrario, dependen del orden del inconsciente.[3] Más aún, es lo que hace posible un orden simbólico en el campo del deseo. Así, en todo proceso de identificación operan los afectos porque a través de ellos establecemos una atadura entre un significante y unos significados configurados retrospectivamente. Es por eso, entonces, que toda investidura pertenece al orden de los afectos. De manera que en toda operación de nombrar y configurar la identidad de la cosa, ya sea en el plano de la política o de otro orden, el papel de los afectos le es inherente. Es decir, para que un significante sea posible es necesaria la *fuerza* de los afectos, la cual establece las identificaciones

---

3 P. Biglieri y L. Cadahia, *Siete ensayos sobre el populismo, op. cit.*, pp. 169-188.

que, siempre, serán dominadas por el inconsciente. Dicho de otra manera: son los afectos, mediante las investiduras libidinales, los que *sujetan* un significante a un conjunto de significados. Esta concepción de lo político, por tanto, cuestiona la raíz misma de las teorías consensuales: la creencia de que la razón y la sensibilidad (o los afectos) serían algo así como dos planos opuestos e independientes el uno del otro. Cortocircuita la creencia de que una política sana descansaría en algo así como, por un lado, la capacidad para neutralizar los elementos pasionales y, por otro, su orientación estrictamente racional. La teoría populista, en cambio, plantea que esa pretensión es una quimera, dado que toda dirección racional está constitutivamente contaminada de investiduras libidinales. Todo orden racional solo es posible gracias al papel que desempeñan los afectos en la institución/destitución de su estabilidad.

Así llegamos a la explicitación de un vínculo indisociable entre el acto de nominación y la fuerza de los afectos. Sin embargo, no nos hemos detenido a pensar de qué naturaleza es esta atadura entre lenguaje y afectos. Haciendo referencia a los mismos trabajos de Laclau, se sugirió la idea de que esta ligazón es de naturaleza ontológica, es decir, del orden del ser. Incluso Laclau llegará a hacer una distinción, muy repetida en el ámbito de las ciencias políticas, entre la dimensión ontológica y la dimensión óntica del populismo. Esta distinción la recoge de la tradición heideggeriana, aunque hará un uso singular de ella. Más que nada, porque Heidegger procuraba diferenciar a los entes del ser para poder pensar una dimensión más fundamental de la filosofía. A Laclau, en cambio, no le interesa esta jerarquía de los seres instaurada por Heidegger, pero sí le sirve esta distinción para poder diferenciar dos momentos de lo social: su dimensión instituyente y su dimensión instituida. No se trata de que una sea más fundamental que la otra, sino que permite explicar el proceso por el cual algo se instituye como tal. Esta inmersión en el lenguaje heideggeriano termina por abrir un horizonte ontológico del populismo sobre el que me gustaría hacer una reflexión que nos ayude a entender todo lo que se juega en esta comprensión entre nominación y afectos. A pesar de que Laclau insista, a lo largo de *La razón populista* y otros textos, sobre la naturaleza ontológica del populismo, resulta difícil precisar por qué tomó esta decisión y qué tipo de operación intelectual buscaba llevar a cabo con ella. Pero más allá de sus intenciones, lo que sí me llama la atención es que cada vez que Laclau recurre a la ontología termina hablando de la retórica. Al punto de que establecerá una conexión fundamental entre ambas al sostener que «las clasificaciones de la retórica han sido ancillares para las categorías de la ontología clásica, y que el cuestionamiento de esta última no puede dejar de tener importantes consecuencias para los principios de las primeras».[4] Laclau no dirá mucho más sobre esta conexión entre la retórica y la ontología, pero sí resulta posible hacer un ejercicio de imaginación que nos ayude a profundizar y orientar esta inaudita conexión. La clave de esta cita es que Laclau sugiere, por un lado, que la ontología está completamente contaminada de figuras retóricas y, por otro, que los cuestionamientos a la ontología tienen consecuencias para la retórica. Si prestamos atención a la primera parte del razonamiento descubrimos que su interés por la ontología descansa en su interés por la retórica. En la segunda parte, sugiere algo aún más in-

---

4   E. Laclau, *La razón populista, op. cit.*, p. 81.

teresante: que los hilos subterráneos de la retórica siguen vivos en nuestros debates contemporáneos. Lo curioso es el camino escogido por Laclau para tirar de este hilo de la retórica, puesto que, como lo deja claro en varios de sus textos, su interés por este ámbito de pensamiento viene dado por la recurrente insistencia de la academia en emplear este término para descalificar al populismo como «mera retórica».[5] Está claro que con esta expresión, mera retórica, Laclau entiende que se busca no solo descalificar al populismo, sino también a la retórica, limitándola a un «adorno del lenguaje».[6] Pero ahí donde politólogos y filósofos encuentran una ocasión para deslegitimar al populismo, Laclau, en cambio, descubre una oportunidad histórica para intervenir de forma irreverente en el archivo filosófico y reactualizar una forma de pensamiento olvidada. Todo esto implicará un arduo trabajo de reconexión con la tradición clásica de pensamiento retórico, con objeto de explicitar lo infundada que puede resultar esta comprensión desdeñosa que termina por abarcar al populismo. Lo que había empezado como un ejercicio de ontologizar el populismo termina por convertirse en una operación de reivindicación de las raíces latinas del pensamiento; unas raíces que fueron completamente opacadas, primero, por la inquisición y, luego, por la hegemonía del pensamiento alemán. De modo que asumir la dimensión retórica del populismo, en la apuesta de Laclau, es la posibilidad de reactivar una forma de pensar la naturaleza de la política en unas claves muy antiguas y novedosas a la vez, puesto que «la retórica no es algo epifenoménico respecto de

5 *Ibid.*, p. 76.
6 *Ibid.*

una estructura conceptual autodefinida, ya que ninguna estructura conceptual encuentra su cohesión interna sin apelar a recursos retóricos. Si esto fuera así, la conclusión sería que el populismo es la vía real para comprender algo relativo a la constitución ontológica de lo político como tal».[7] Si toda estructura conceptual apela a recursos retóricos, eso quiere decir que toda teorización de lo social es un constructo retórico y, por tanto, la metáfora, la catacresis, la sinécdoque o la metonimia, en cuanto tropos de la retórica, no se limitan a ser expresiones figurativas del lenguaje en sus usos no convencionales sino, más bien, estructuras de pensamiento para teorizar la naturaleza misma de la política. Así, la teoría populista desmantela la distinción entre uso literal y uso figurativo del lenguaje, como si el primero expresara un orden de la verdad superior, propio de las ciencias sociales, la filosofía o las humanidades, y el segundo, por su parte, una forma de la fantasía derivada de la ficción. Para Laclau, todo acto de nominación es un acto retórico, provenga de las ciencias o de las artes. Más aún, dará un paso más arriesgado al insinuar que la forma misma de lo social es retórica. Por eso, y si prestamos atención a la cita expuesta más arriba, en la que sugiere que la dimensión retórica del populismo es la vía real para pensar la constitución ontológica de lo político, lo que está insinuando es que hablar del ser de lo social y, por ende, del ser en general, es un acto retórico. A primera vista, entonces, esta afinidad del populismo con la ontología —que parecía evidenciar una dimensión heideggeriana de su proyecto— lo que revela, sin embargo, es que en el interior de la pregunta por el ser planteada por Heidegger latía

7 *Ibid.*

una astucia retórica. Porque si a algo apuntan las reflexiones de Laclau, a pesar de que no haya ahondado en ello, es que apelar al problema del ser es un acto retórico. Si hablar del ser es una retórica, entonces la pregunta que estamos autorizados a hacernos es la siguiente: ¿hace falta apelar al ser y a la ontología para hablar de la dimensión retórica de lo político? ¿Es necesario plantearnos la pregunta por el ser de las cosas para hacer filosofía y pensar la política? Por eso, en este punto, cabe preguntarse si tiene sentido seguir hablando de ontología para pensar los afectos y los significantes en el populismo o si, por el contrario, no es un buen momento para volver a aquello que los debates ontológicos interrumpieron: la dimensión retórica de la realidad. Si durante mucho tiempo la palabra filosofía ha sido sinónimo de ontología, y si esta ha sido la responsable de alejarla de la retórica, quizá nuestro tiempo nos exija otra cosa: volver a pensar juntas filosofía y retórica. Este último paso no fue dado por Laclau, para quien ontología y retórica —quizá influenciado por la filosofía de Ernesto Grassi— formaban parte de un mismo horizonte de problemas histórico-prácticos, pero lo que sí propició fue la posibilidad de erosionar el sentido clásico de la racionalidad política al sostener que los recursos retóricos

se convierten en instrumentos de una racionalidad social ampliada, y ya no podemos desestimar una interpelación ideológica como meramente retórica. Así, la imprecisión y el vacío de los símbolos políticos populistas no pueden desestimarse con tanta facilidad: todo depende del acto performativo que tal vacío ocasione.[8]

8 *Ibid.*, p. 18.

Por la vía del populismo, entonces, Laclau logró introducir una comprensión de la naturaleza de la política presente en la praxis y obturada en el pensamiento. Una especie de saber hacer práctico y estético cuyas herramientas filosóficas se mostraban insuficientes al momento de dar cuenta de la dimensión indeterminada, difusa y performativa que se cifraba en toda acción colectiva identificada como populista; es decir, toda organización popular ligada a sí misma y a sus líderes mediante lazos afectivos. Por tanto, si retomamos la pregunta que planteaba más arriba, no hay dudas en sostener que la ligazón entre significantes y afectos es de naturaleza retórica. Vincularnos a la cosa implica, desde la perspectiva de la retórica, una operación que compromete al lenguaje y a los afectos, al ejercicio de la persuasión mediante una serie de tropos que orientan nuestra acción y nuestra imaginación; es decir, compromete a la trama racional sensible que organiza nuestros estados de ánimo colectivos. Y esto nos ayuda a entender, entonces, por qué la sensibilidad se ha convertido en el nuevo campo de batalla de la política contemporánea. Y ahí está la paradoja de nuestra época: mientras que las ciencias políticas han priorizado una estrecha comprensión racional de la política, sustrayendo a los afectos de la escena, el ámbito de la praxis —partidos políticos, conglomerados mediáticos, redes sociales, etc.— no ha dejado de enfocar sus esfuerzos en construir estados de ánimo colectivos. Es decir, no han dejado de intervenir los afectos para atar, en la medida de lo posible, un conjunto de significados a unos significantes. Por citar un ejemplo: el significante «Venezuela» ha sido empleado en lugares tan diferentes como Estados Unidos, España o Colombia cada vez que se ha buscado estigmatizar una fuerza política. Lo que nos permite entender todo esto, a fin de cuentas, es la dimensión conflictual de todo proceso de significación, puesto que siempre surgirá una demanda, una *insatisfacción* del orden de los *afectos*, que ponga en entredicho una determinada investidura libidinal o fijación entre un significante y un conjunto de significados. Por tanto, observamos que la apelación a la política y a la retórica no tiene otra finalidad que deshacer los prejuicios asociados al papel de los afectos y volver a ponerlos en el centro de la escena del pensamiento político a través de una teoría que se ha dado en llamar, de manera deliberada, «populista». Porque el populismo es ese lugar *sintomático* en el que los afectos no han dejado de estar presentes, mostrando su fuerza transformadora. Pero también cabe insistir que, si los afectos están presentes en el populismo, es porque se trata de una *escena colectiva* que pone en juego el drama inherente a la *institución* del orden simbólico en el terreno de la política. Se trata de una escena que nos muestra la fragilidad, la contingencia y la posibilidad de dislocar todo orden, sea plebeyo u oligárquico. Podríamos decir que la teoría política convencional rechaza al populismo porque este explicita su propia operación negada: hacer pensable la inestabilidad a la que se expone todo orden simbólico en el terreno de lo político. Este riesgo, la posibilidad de un colapso y reconfiguración del orden simbólico propiciado por las tramas racional, sensible y plebeya, es lo que se resisten a pensar otros enfoques de la política. Por eso cabe decir que estos enfoques han mostrado su límite epocal y las dificultades que experimentan para hacer pensables las batallas del orden de la sensibilidad que hoy están en pugna. Pero, al mismo tiempo, la teoría populista no renuncia, como sí parece advertirse en ciertas configuraciones teóricas del giro afectivo, a los discursos de la racionalidad —en sentido ampliado— y a los acumulados históricos en los que América Latina forja su futuro. Significantes más clásicos como pueblo, voluntad popular, trabajadores, campesinado, movimiento indígena, negro, junto a nuevos significantes asociados a la crisis medioambiental y el fin del patriarcado, no están exentos de esta disputa por sus significados. Más bien, son el material sensible desde el cual se está fraguando la nueva imaginación republicana del futuro.

La conspiración de la naturaleza

La naturaleza actúa a través de los sentidos y las pasiones.
Quien mutila sus herramientas, ¿cómo podría sentirla?

J.G. HAMANN, *Aesthetica in nuce*

LA PREGUNTA INGENIOSA

En la década de 1970 dos pensadores muy diferentes entre
sí, Ernesto Grassi y Roland Barthes, tuvieron la misma
intuición: volver a los problemas de la retórica. Las razones por las cuales arribaron a esta cuestión difieren entre
sí. En el caso de Ernesto Grassi, esta búsqueda estaba vinculada a una anécdota personal. Mientras era estudiante
en Italia no se encontraba conforme con el predominio del
idealismo alemán expresado por filósofos tan disímiles entre sí como Spaventa, Croce o Gentile y decide marcharse
a Alemania para estudiar fenomenología con Husserl. En
su primer encuentro con este filósofo sostiene una conver-
sación que marcará para siempre su recorrido intelectual.
Cuando Husserl se dio cuenta de que Grassi era de origen
italiano, le comentó que eso era una ventaja porque, al
hablar una lengua que no tenía tradición filosófica, no estaba atado a los enredos ni a los lastres de las lenguas que

sí habían construido un legado. Grassi no podía estar más en desacuerdo con Husserl. Esta sentencia no solo evidenciaba un gran prejuicio e ignorancia por parte de Husserl, sino que borraba de un plumazo toda una herencia de pensamiento latino y, sobre todo, el papel que había tenido la filosofía del Renacimiento para la tradición filosófica alemana.[1] Por diferentes razones, Grassi no estudió con Husserl pero sí con Heidegger, aunque este filósofo también sostenía una lectura completamente peyorativa hacia toda apuesta filosófica que no fuera en lengua griega o alemana. La pregunta básica de Grassi era la siguiente: ¿cómo podía ser que el campo más prominente de la filosofía de su época omitiera tantos siglos de filosofía latina que incluía al latín, el italiano y, también, el castellano? Semejante omisión sugeriría que entre la filosofía clásica de los griegos y la filosofía moderna de los alemanes no hubo ninguna filosofía. En esa dirección, Grassi decide asumir con rigor intelectual su propia lengua y tratar de entender, por un lado, qué tipo de operación filosófica se cultivó durante esa época de predominio de filosofía latina y, por otro, los efectos subterráneos de esta operación para el campo de la filosofía en general. Es gracias a ello que Grassi descubre la importancia que tiene la retórica como praxis filosófica. Si bien existen varios ensayos relacionados con esta cuestión, su libro *La retórica como filosofía*, publicado curiosamente en inglés en la década de 1980, sintetiza toda esta indagación intelectual. Allí Grassi reconstruye algunos aspectos claves de la retórica griega, señala su reactualización en la tradición de pensamiento latino e indaga sobre su papel en la configuración del humanismo renacentista. Este últi-

---

1   E. Grassi, *La retórica como filosofía*, Barcelona, Anthropos, 2015, pp. 3-4.

mo aspecto, el vínculo entre humanismo y retórica, es el que le interesará desarrollar con mayor profundidad en este libro y otros escritos.[2] Su principal tesis es que, en primer lugar, existe una gran confusión alrededor del humanismo y, en segundo lugar, que lejos de estar superado, guarda dentro de sí una serie de claves inauditas para pensar nuestra actualidad. Le interesa discutir con Heidegger y señalar que su actitud antihumanista es el resultado de un profundo desconocimiento de la filosofía retórica del Renacimiento. Según Grassi, el Renacimiento ha dado lugar a dos formas muy distintas de humanismo. Por un lado, se encuentra el humanismo antropológico,[3] el cual ha sido objeto de críticas muy agudas por autores como Heidegger o Foucault, pero, por otro lado, es posible hablar de un humanismo retórico muy poco explorado dentro del campo de la filosofía contemporánea.[4] Este humanismo retórico, insiste el autor, debería ser considerado como un quehacer filosófico con derecho propio. Grassi no es el pri-

2   El pensamiento de Ernesto Grassi está siendo recuperado por Emilio Hidalgo-Serna, José Manuel Sevilla y Jesica Sánchez Espillaque mediante una serie de reediciones de sus libros en la editorial Anthropos, publicaciones y trabajos críticos sobre las tesis más relevantes y originales de este pensador.
3   Este humanismo del siglo XV se caracteriza por una recuperación de la tradición grecolatina con el fin de otorgarle una jerarquía superior a lo humano. Ver J. Sánchez Espillaque, «Estudio Introductorio. El poder filosófico de la metáfora en Ernesto Grassi», en *La preeminancia de la palabra metafórica. Heidegger, Maestro Eckhart, Novalis*, Barcelona, Anthropos, 2019, p, XXXII.
4   El humanismo retórico del Renacimiento se consolida en el siglo XIV a través de las figuras de Dante Alighieri (1265-1321), Albertino Mussato (1261-1329), Francesco Petrarca (1304-1374), Leonardo Bruni (1370-1444), Lorenzo Valla (1405-1457), Angelo Poliziano (1454-1494) o Juan Vives (1492-1540). En el siglo XVII tendrá su esplendor con Mario Nizolio y Giambattista Vico en Italia y Baltasar Gracián y Juan Vives en España. Ver J. Sánchez Espillaque, «Estudio Introductorio. El poder filosófico de la metáfora en Ernesto Grassi», en *La preeminancia de la palabra metafórica, op. cit.*, p, XXXI.

mer pensador italiano en exponer el olvido en que había caído el humanismo del Renacimiento. Ya Spaventa se había encargado de mostrar el papel que tuvo la inquisición para reprimir todo este legado, censurar cualquier ejercicio filosófico que se alejara de la escolástica y propiciar una profunda desconexión en el interior de la misma tradición de pensamiento latino. Pero Spaventa añade que, a pesar del olvido de esta forma de filosofar en Italia y España, otros países, como Alemania, habían sido completamente influenciados por esta vertiente de pensamiento. Resalta, sobre todo, el papel de Vico para el romanticismo, el idealismo alemán y el marxismo. Subrayo este punto porque creo que este humanismo retórico nos ayuda a explicar y comprender las raíces retóricas y humanistas de una serie de marxistas heterodoxos que he trabajado en otros capítulos de este libro como Gramsci, Mariátegui o de Martino. Grassi sitúa el humanismo antropológico en el siglo XV, cuyo precursor sería el neoplatónico Marsilio Ficino. El humanismo retórico, por su parte, tendría dos grandes momentos: el siglo XIV y el siglo XVII. Nos dice Grassi sobre este último tipo de humanismo que «no comienza con una ontología (esto es una actividad filosófica que intenta definir racionalmente los entes) sino con el problema de la palabra. Esta palabra histórica, no abstracta, no racional, que clarifica la realidad».[5] Lo que me resulta interesante de esta cita son dos cosas. La primera cuestión es que nos ayuda a clarificar la diferencia entre el humanismo antropológico, centrado en lo humano como figura más elevada y privilegiada de lo vivo, y el retórico, interesado en inda-

---

5   E. Grassi, «La rehabilitación del humanismo retórico. Considerenado el antihumanismo de Heidegger», *Cuadernos sobre Vico* 2, 1992, p. 26.

gar el carácter enigmático de la palabra y el tipo de vínculo que expresa con la realidad. La segunda cuestión es que
Grassi nos ayuda a entender cómo este humanismo retórico toma distancia de la filosofía como ontología de los seres, es decir, se distancia del racionalismo escolástico, interesado en identificar cualquier acto de pensamiento con un
ordenamiento de los entes de razón mediante una clasificación compulsiva que hace del lenguaje un mero instrumento del entendimiento divino y abstracto. El humanismo
retórico, por el contrario, al vincular la filosofía con la dimensión enigmática de la palabra, consigue hermanarla no
ya con la ontología sino con la poesía. La dimensión poética del lenguaje filosófico que expresa este humanismo
retórico no pierde rigor por alejarse del ideal ontológico
(escolástica) o matemático (cartesiano), sino que expresa
un tipo de ordenamiento o composición conectado con el
hacer humano mediante la *inventio*, esto es, la imaginación, la fantasía y el ingenio. Estos tres modos de actuar
del lenguaje filosófico no se oponen a la realidad, sino que
son tres formas de revelarse la realidad (o la naturaleza) en
un sentido retórico o poético. Se trata, por tanto, de una
filosofía ingeniosa o *pensamiento poético* que no rehúye
de las metáforas, las fábulas y los mitos para pensar el carácter metamórfico de la realidad. Según Grassi, Vico será
la expresión más acabada de este humanismo retórico,
cuya comprensión de la realidad mediante universales fantásticos propios de un pensamiento tópico abre las puertas
a una dimensión visual del lenguaje filosófico que la escolástica católica había hecho trizas. Sin ir más lejos, su
Ciencia nueva es un proyecto filosófico cargado de una
racionalidad visual sin precedentes: ojos de agua, bosques,
atolladeros, fuego y otros elementos tienen un rol protagó

nico en el momento de hacer posible el despliegue de una razón material que habla el lenguaje de la naturaleza que experimenta el humano en su quehacer temporal. Grassi, en un intento por reconciliarse con Heidegger, tratará de conectar esta praxis filosófica con la diferencia ontológica propuesta por su maestro. Pero me parece que el vínculo entre Heidegger y el humanismo retórico que Grassi recoge está roto para siempre. La diferencia ontológica es un intento desesperado por seguir hablando el lenguaje del ser a través de una rebuscada operación de sacrificio del ente. El ser, la ontología, en la vertiente de la escolástica de san Buenaventura, sigue su curso a través de Heidegger, sin el obstáculo de los entes de la razón. La filosofía ingeniosa no necesita recurrir al lenguaje neutro del ser mediante el luminoso despliegue de su reocultamiento, sino que vuelve a poblarse de un rigor ingenioso, cargado de imágenes y de sensaciones, de *res* y de *verbum*.

Barthes, por su parte, sistematizará sus reflexiones sobre la retórica en un libro publicado a finales de la década de 1960 bajo el título de *Investigaciones retóricas*. Una de las primeras cosas que señala es la sorpresa que experimenta ante la inexistencia de textos críticos que reconstruyan la evolución histórica y sistemática de la retórica. Le sorprende que la retórica, habiendo tenido un lugar tan importante en el pensamiento, esté completamente olvidada en la academia del siglo XX: «a la retórica se la conoce mal y, sin embargo, conocerla no implica ningún trabajo de erudición».[6] Más que la erudición, es una profunda inquietud por las superviven-

---

6 R. Barthes, *Investigaciones retóricas. La antigua retórica*, Barcelona, Ediciones Buenos Aires, 1966, pp. 7-8.

cias subterráneas e inconscientes de esta forma de pensar lo que motiva a Barthes la escritura de su libro, puesto que «el mundo está increíblemente lleno de antigua retórica».[7] La retórica, insiste el autor, ha dejado de ser objeto de estudio y de práctica en la academia, pero las formas de la retórica se encuentran desparramadas en nuestras acciones cotidianas. Por otra parte, Barthes hace un recorrido ligeramente distinto al que propone Grassi para pensar la evolución histórica de la retórica. En este recorrido le interesa estudiar su surgimiento en Sicilia, su traslado de Siracusa a Atenas por parte de Gorgias y la recepción y reactualización que llevan a cabo Platón y Aristóteles. Luego se detendrá a pensar el papel de la retórica en la tradición latina de los primeros tres siglos del cristianismo para dedicarse a indagar en el rol de la retórica en el mundo francófono, durante la Edad Media, el Renacimiento y la Modernidad. En ese sentido, deja por fuera el momento histórico que más le interesa a Grassi, a saber, el humanismo retórico del Renacimiento. Y esto impide que podamos establecer unas comparaciones entre Barthes y Grassi sobre este momento histórico. Incluso Barthes parece repetir los prejuicios sobre el humanismo renacentista, al sugerir que este habría sublimado la retórica y también hace una ligera mención sobre los universales fantásticos en Vico. Lo interesante del libro de Barthes se constata en su señalamiento de que la retórica no ha sido una práctica homogénea, puesto que ha estado cargada de muchas tensiones que sobreviven en nuestra actualidad como diferentes formas de vincularnos con el lenguaje. Intuye esta supervivencia

7 *Ibid.*, p. 7.

inconfesada en la literatura, la academia y en nuestros registros discursivos, puesto que «muchos de los rasgos de nuestra literatura, de nuestra enseñanza, de nuestras instituciones del lenguaje se verían aclarados o comprendidos de otro modo si se conociera a fondo (es decir, si no se censurara) el código retórico que dio su lenguaje a nuestra cultura».[8] Es curioso que aquí emplee la palabra «censura». ¿Por qué durante el siglo XX —y podríamos hacerlo extensivo al XXI— hemos «censurado» las raíces retóricas de nuestras formas de pensar, sentir y narrar el mundo? Barthes, a diferencia de Grassi, es muy escéptico respecto de la posibilidad de rehabilitar la retórica y no duda en declararla muerta. Pero al mismo tiempo que declara su muerte, insiste en la importancia de su estudio y en conectarla y enriquecerla con otros ámbitos como la historia, el marxismo, la lingüística o el psicoanálisis. Y esto se debe a que, para Barthes

existe un acuerdo obstinado entre Aristóteles (de donde surgió la retórica) y la cultura de masas, como si el aristotelismo, muerto desde el Renacimiento como filosofía y como lógica y muerto como estética desde el Romanticismo, sobreviviera en el estado degradado, difuso, inarticulado, en la práctica cultural de las sociedades occidentales. [...] Aristóteles (poética, lógica, retórica) proporciona a todo el lenguaje narrativo, discursivo, argumentativo, manejado por los «medios de comunicación de masas» una clave analítica completa (a partir de la noción de verosimilitud).[9]

8 *Ibid.*, p.79.
9 *Ibid.*, pp.79-80.

Hay una ambivalencia, entonces, en sus reflexiones que termina por suavizar su muerte y hacerla relativa a su dimensión institucional, lo cual contrastaría con la vitalidad que expresa en su despliegue social. Si la retórica, como sugiere en varias secciones de su libro, es una práctica viva, ¿por qué la insistencia en declarar su muerte? ¿Acaso no resulta más interesante explorar esas formas vivas que aún persisten como impensados en nuestras sociedades? Si volvemos a la reconstrucción que este autor hace sobre sus tensiones, entonces pareciera existir una fundamental entre la retórica como fórmula verbal y la retórica como lugar de prueba o trabajo ingenioso. Nos sugiere pensar la retórica como una gran máquina o dispositivo compuesto por tres operaciones: la *inventio*, la *dispositio* y la *elocutio*. Estas operaciones no son elementos de una estructura sino tres acciones de una estructuración progresiva. La *inventio* se vincula con el acto de encontrar qué decir; la *dispositio* con un ejercicio de composición de esos elementos sobre los que se va a decir algo y la *elocutio*, finalmente, sería la acción de jugar con las figuras del lenguaje al momento de establecer esa composición. Ahora bien, dependiendo de cómo entendamos el ejercicio de la retórica estas acciones pueden ser comprendidas o bien como una fórmula verbal o bien como un trabajo ingenioso de experimentación. En el primer caso, se trataría de una posición mecanicista que concibe al lenguaje como mera herramienta para hablar de algo más profundo como el cuerpo, las emociones o el alma. La relación con el lenguaje sería derivativa de algo supuestamente más auténtico u original. Barthes encuentra una explosión de esta forma de la retórica cuando se confunde con la escolástica, en la que la repetición de los temas (Dios, el alma o la naturaleza de los seres) se vuelve más importante que la forma en que irrumpe la palabra para hablar de ciertas cosas. La palabra se convierte en un mero vehículo de reproducción de contenidos sobre lo que se debe hablar; las dimensiones inventiva, compositiva y figurativa del lenguaje se limitan a la reproducción de unas fórmulas fijas y predeterminadas. Si hacemos caso a la tesis de Barthes sobre la supervivencia de estas formas retóricas en nuestra actualidad, me pregunto hasta qué punto cierta producción literaria y académica no tiende a reproducir, de manera inconfesada, esta retórica estéril cuando decide centrarse en los *temas sobre los que hay que hablar* y en la reiteración de *fórmulas expresivas* que se ocultan bajo la supuesta intensidad y autenticidad del contenido vivido. Temas como los afectos, el cuerpo, la propia biografía, etc., se asumen en los términos de una emanación expresiva de un yo auténtico que hace del lenguaje un instrumento de sus vivencias y, de sus contenidos, reificaciones estereotipadas de fácil consumo. Un sentimentalismo efectista que oculta sus procedimientos retóricos y termina por asfixiar cualquier intento de pensar. Y me pregunto hasta qué punto esta mala retórica, antiintelectualista y desdeñosa de los acumulados históricos del pensamiento, confunde producción de pensamiento con producto acabado y se mimetiza con la retórica neoliberal que hace de la invención un juego cínico y de la composición un orden rígido que apela a dos o tres figuras establecidas que, al encontrarse dispuestas como sentido común de época, resuenan de manera inmediata como lugares originarios de vivencias auténticas. Frente a esta concepción reificada de la retórica y sus contenidos, Barthes contrapone una concepción ingeniosa. Desde esta perspectiva, la palabra no es el instrumento para nombrar otra cosa, sino el enigma a través del cual se revelan *res* y *verba*.

EL ENIGMA COMO RESPUESTA

Aquí llegamos al mismo punto que planteaba Grassi, aunque Barthes insistirá en que *res* y *verba* no son simplemente cosa y palabra asumidas desde la perspectiva de un realismo ingenuo sino, citando a Quintiliano, «*res quae significantur*» y «*verba quae significant*».[10] Esto es: significado y significante. La originalidad de este hallazgo radica en que la distinción entre significado y significante no empieza con Saussure, sino que podemos encontrar sus raíces retóricas en la distinción entre *res* y *verba* que se hacía en el siglo I d.C.

La *res* no es la cosa en sentido positivista del término, ya sea como una intensidad corporal o como materialidad previamente dada, sino que ella se destina al sentido y se constituye desde el comienzo en material de significación; el *verbum*, por su parte, es la acción de dar forma a esa búsqueda del sentido para cumplirlo. *Res* y *verba* expresan la forma de un mensaje a descifrar mediante una razón ingeniosa con unos sentidos activos. Si prestamos atención a los retóricos de los primeros siglos, podemos advertir que para ellos ese mensaje viene de la naturaleza.[11] No hay una relación de oposición entre palabra y naturaleza, sino que las palabras y las cosas están unidas en la forma de un enigma muy singular.

10 *Ibid.*, p. 43.
11 *Ibid.*, pp. 42-52.

Aquí, por tanto, se aprecia un modo de vincularnos con la palabra en los términos de un juego de relaciones que dan forma y constituyen figuras visuales del pensamiento mediante tropos. A diferencia del juego de fórmulas verbales, no se prioriza la definición de cada término, como si fuera posible controlar y agotar el uso de las palabras a unos sentidos rígidos y predeterminados; por el contrario, la acción retórica se vincula al uso imaginativo de las palabras, a la posibilidad de que el sentido haga *figuritas* con las palabras. Esto se acerca a la idea de dibujar el sentido con las palabras, de pintar las ideas con los materiales *(res)* de la fantasía y las formas discursivas *(verba)* de la imaginación.[12] Toda una promesa de sentido que en vez de pasar por el tortuoso camino de despojo de las imágenes sensibles, como si por esa vía iconoclasta fuera posible la revelación de la verdad, apelara a la función figurativa del lenguaje como recurso irrenunciable para el rigor filosófico.

Si en algo coinciden Grassi y Barthes es en identificar esta forma del rigor con una *facultad* o *razón ingeniosa*, es decir, una agudeza poética como vehículo para la filosofía. Este ojo ingenioso, como quería Vico, tiene la astucia de descubrir que el lugar donde todo se aprecia como separado y desunido alberga una red de relaciones de semejanza y, a la inversa, donde se revela la unidad de la igualdad es posible descubrir la red de relaciones de desemejanza que la sostiene. Unidad y multiplicidad, movimiento y quietud, vinculación y desvinculación, forma y contenido, son apelaciones enigmáticas de la realidad. La realidad se revela bajo la forma de una interpelación, es decir, la realidad nos

12   *Ibid.*, pp. 41-42.

interpela y cobra forma mediante la fantasía, el ingenio y la imaginación. Un juego ingenioso de transferencias que libera al ligar*nos* a la naturaleza y liga al liberar*nos* de ella. Y es en ese juego de transferencia que se figura el sentido de lo vivo.

Como nos advierte Grassi, Cicerón es uno de los primeros en concebir la naturaleza desde una perspectiva retórica. En primer lugar, sostiene que está escondida de un modo muy singular y no la podemos conocer en su realidad más básica; como un mensaje enigmático provoca nuestro asombro y, al mismo tiempo, nos plantea un trabajo *(labor)*. En segundo lugar, Cicerón afirma que ella se va revelando mediante la actividad humana, a través del trabajo de transformación de la realidad. Esto es una habilidad *(virtus)* humana que brota como semillas del ingenio *(semina virtutum)* y nos permite aprehender las relaciones y similitudes entre las cosas. Expresa un sistema de conexiones sensibles, un *pathos* social. Se diferencia del arte de la deducción *(ars demonstrandi)* que consiste en modos de juzgar a partir de principios, dado que se identifica con un arte de la invención *(ingenium)*. Aquí la naturaleza se revela en forma de *res*, como portadora de significados humanos a través del trabajo *(labor)*. El trabajo es una actividad mediante la cual se nos aparece la naturaleza como significativa. Y esta significación se obtiene de sus usos ingeniosos en la comunidad social y política. La *res*, por tanto, siempre es *res pública*. Es en la república que captamos el significado del trabajo de la naturaleza como revelación humana. La *res* muestra su significado mediante sus usos sociales (no individuales), es decir, mediante el uso común. Por tanto, toda actividad ingeniosa no puede hacerse en abstracto, sino mediante el trabajo o mundo práctico que revela el tiempo humano. La verdad de este trabajo humano no puede ser ni absoluta ni eterna sino limitada a su propia temporalidad.[13] La verdad de toda acción, como revelación de la naturaleza, está atada a su aparición y desaparición temporal. Esto difiere de la comprensión del conocimiento como ejercicio de deducción y distinción de principios originarios muy presente en la ontología escolástica de la deducción de los entes de la razón. Una línea que continuará Descartes en su vocación de un conocimiento apartado de la tarea social y colectiva, y más cercano al monólogo en solitario de una razón que fantasea con haberse desligado de los otros, del cuerpo y de la sensibilidad. Mientras que Cicerón nos invita a pensar una relación republicana *(res publica)* con la naturaleza en cuanto labor social en colectivo, Descartes, por el contrario, y siguiendo la estela de la escolástica medieval, creará la ficción de que la naturaleza solo se conoce en soledad, apartado de la vida cívica de los pueblos, y cerca de una razón solipsista que se descubre a sí misma existiendo como sustancia independiente del mundo humano.

Aquí Grassi nos sugiere la idea de que la gran tensión que inaugura la Modernidad la podemos encontrar, por tanto, en Descartes, quien reactualiza y transforma la ontología escolástica, y en Vico, quien reactualiza y transforma la filosofía retórica y social de Cicerón. La cuestión de fondo entre ambas posiciones filosóficas, es decir, la filosofía como una ontología o la filosofía como una retórica, es cómo significamos las relaciones de la naturaleza.[14] Descartes descubre la coincidencia de la in-

---

13 E. Grassi, *La retórica como filosofía, op. cit.*, pp. 10-13.
14 *Ibid.*, pp. 5-10.

vención y del orden no ya en los retóricos, sino en los matemáticos. Las relaciones son deducidas de una razón abstracta que toma distancia de los sentidos. En Vico, en cambio, las relaciones son experimentadas por el ingenio, es decir, por una *ratio* que no necesita amputar ni los sentidos ni la fantasía para poder pensar la realidad, puesto que «la fantasía recoge de los sentidos los efectos más sensibles de las apariencias naturales, y los conecta y engrandece hasta la exageración, haciendo de ellos imágenes luminosas, con el fin de deslumbrar de repente a las mentes con sus rayos y encender los afectos humanos dentro del estrépito y los truenos de sus maravillas».[15] Este mundo cívico del que hablaba Cicerón se convertirá, en la filosofía de Vico, en los universales fantásticos del ojo ingenioso que expresa una naturaleza revelada en una historia labrada por los humanos mediante fábulas, mitos y visiones poéticas. Todo un conjunto de saberes indiciales y conjeturales cuya exactitud y precisión no coincide con la idea de rigor a la que nos tienen acostumbradas las anquilosadas fórmulas retóricas del mundo contemporáneo.

LA INVENCIÓN COMO RIGOR INDICIAL

Estas breves reflexiones sobre la retórica, elaboradas a partir de Grassi y Barthes, me han permitido dilucidar una extraña paradoja: nuestro mundo está completamente contaminado de antigua retórica y, sin embargo,

---

15 G.B. Vico, *In Morte di Donn'Angela Cimmino Marchesa della Petrella*, en *Opere*, Milán y Nápoles, Ricciardi, 1953, p. 1023. Citado por Grassi en *La retórica como filosofía, op. cit.*, p. 34.

somos incapaces de pensar retóricamente. Esta limitación de época significa que tenemos serias dificultades para comprender cuáles son las fórmulas verbales o arquetipos visuales que traman nuestro mundo social. Y más dificultades tenemos para descubrir cómo trabaja nuestra facultad ingeniosa en la configuración de esos entramados. El ingenio se nos ha vuelto una facultad completamente opaca en nuestra vida cotidiana e inexistente en nuestros debates filosóficos. Hablamos de la facultad de razonar y de la facultad de sentir, pero poco decimos sobre la facultad del ingenio. Aquí podríamos aplicar lo que Baumgarten sostenía para el ámbito de la sensibilidad cuando discutía con los filósofos racionalistas. Él nos decía que aunque se decida no filosofar sobre la sensibilidad, esta seguirá existiendo y tendrá efectos muy concretos en nuestra vida social. Y siguiendo esta línea de pensamiento podríamos sugerir que aunque hayamos dejado de pensar en la retórica y su facultad ingeniosa, el ingenio seguirá tallando las significaciones de nuestro mundo simbólico y afectivo. Rehabilitar la retórica como filosofía, eso que proponía Grassi, no solo nos permite conectar con ese acumulado filosófico que, de manera secreta y enigmática, vive en la lengua con la que estoy cerrando este libro, sino que también es la oportunidad de volver a pensar un vínculo muy antiguo entre imaginación y naturaleza. Por eso, la invocación de estas imágenes antiguas de la retórica nos revela una tarea de futuro: volver a ligar la imaginación con la naturaleza. A lo largo de este libro no hemos hecho otra cosa que tirar de los hilos retóricos de los mitos que pueblan nuestra imaginación política contemporánea. Significantes como feminismo, populismo, pueblo o república han sido elaborados como tropos de nuestra imaginación colectiva. ¿Conspirará la ingeniosa naturaleza con este ejercicio de imaginación política? Como nos recuerda la antigua retórica: la imaginación es una fuerza material que nos orienta en la acción y produce efectos visibles en un mundo poblado por las fuerzas de los dioses. Los dioses han sido, como fuerzas visuales, el teatro de una vasta fantasía de la naturaleza que nos ha guiado con sus mensajes. Ellos se han retirado de la escena, pero, como nos recuerdan Hegel y Hölderlin, el acontecimiento revolucionario de las repúblicas ha fundado una iglesia invisible del entusiasmo colectivo que aún hoy nos guía con imágenes luminosas.[16] Hagamos de estas imágenes luminosas los sortilegios que necesitamos para inventar nuevos enigmas. Y hagámoslo desde esta lengua indicial apenas descubierta: ¡que los nuevos tropos de este siglo que apenas comienza nos deslumbren con sus rayos y enciendan los afectos humanos con los truenos de sus maravillas! Porque, como nos decía Simón Rodríguez a las generaciones venideras:

¡O inventamos o erramos!

16 Véase el capítulo de este libro titulado «La aurora republicana (o el despertar de la fraternidad)».